Tributos com efeito confiscatório e dignidade da pessoa humana

---

Dados Internacionais de Catalogação na Publicação (CIP)

F866t Freitas, Daniel Dottes de.

Tributos com efeito confiscatório e dignidade da pessoa humana / Daniel Dottes de Freitas, Luiz Felipe Silveira Difini. – Porto Alegre : Livraria do Advogado, 2020.

128 p. ; 23 cm.

Inclui bibliografia.

ISBN 978-85-9590-093-6

1. Direito tributário - Brasil. 2. Dignidade da pessoa humana. 3. Vedação ao confisco. 4. Impostos - Política tributária. 5. Inclusão social. I. Difini, Luiz Felipe Silveira. II. Título.

CDU 34:336.2(81)

Índice para catálogo sistemático:

1. Direito tributário : Brasil 34:336.2(81)

(Bibliotecária responsável: Sabrina Leal Araujo – CRB 8/10213)

Daniel Dottes de Freitas
Luiz Felipe Silveira Difini

Tributos com efeito confiscatório e dignidade da pessoa humana

livraria
DO ADVOGADO
editora

Porto Alegre, 2020

(edição finalizada em novembro/2019)

Capa, projeto gráfico e diagramação
Livraria do Advogado Editora

Revisão
Rosane Marques Borba

Imagem de fundo da capa
br.freepik.com/fotos-vetores-gratis/fundo

Livraria do Advogado Editora
Rua Riachuelo, 1334 s/105
90010-273 Porto Alegre RS
Fone: (51) 3225-3311
editora@doadvogado.com.br
www.doadvogado.com.br

Impresso no Brasil / Printed in Brazil

Dedico este trabalho à memória de meus pais, Nei e Marisa, por tudo que fizeram por mim.

Daniel Dottes de Freitas

Dedico esse livro ao Diego e à Mariana, meus filhos.

Luiz Felipe Silveira Difini

Sumário

Introdução

O conteúdo deste livro foi desenvolvido no espaço científico dedicado às políticas públicas tributárias, mais especialmente a partir do panorama jurídico constitucional-tributário. Arvora-se como um desafio teórico, por ocasião da proposta de discussão entre dois princípios constitucionais cujo encontro ainda não logrou êxito no Brasil. Então, tem como objetivo geral promover um diálogo científico sistemático e aberto, voltado ao interesse maior de promoção de justiça tributária e social no cenário de desenvolvimento econômico, social e humano.

Mais especificamente, objetiva apresentar a posição jurídica atual do princípio da dignidade da pessoa humana, inserto no art. 1º, III, da Constituição da República Federativa do Brasil, tipificado como um princípio fundamental sobre o qual se constroem os ideais republicanos de desenvolvimento com inclusão social, donde emerge a significação normativa desse princípio. Essa significação enfrenta, assim, uma dupla posição (dimensão), de defesa e prestacional, perante o Estado. E tal será aproveitado para informar uma determinada relação principiológica possível.

Assim, ainda como objetivo específico, a dignidade da pessoa humana será utilizada como parâmetro à proposta de densificação da norma do art. 150, IV, da Carta da República, que afirma no seio constitucional a vedação à União, aos Estados, ao Distrito Federal e aos Municípios de utilizarem tributo com efeito de confisco, um princípio limitador do poder de tributar do Estado, mas cujo entendimento ainda está encoberto. Sujeitando-se aos critérios de vagueza e imprecisão, carece de sentido, concretização e concordância prática, ademais, se conjecturado com o modelo de Estado Fiscal Social vigente no país, e portanto, exigente de uma ordem tributária que atenda satisfatoriamente aqueles objetivos republicanos, tal qual engendrado positivamente no projeto constitucional e infraconstitucional de extrafiscalidade tributária. Representando um paradigma entre o dever da pessoa de pagar seus tributos e o direito fundamental ao não confisco tributário, legitima uma discussão democrática, participativa e aberta aos Poderes do Estado, à sociedade civil e aos mercados, amparado, assim, num ideal de justiça.

A aproximação entre dignidade e não confisco tributário atenderá um outro objetivo específico, de parametrização deste segundo princípio (de conteúdo semântico polissêmico) pelo primeiro. Dignidade densificando não confisco é um objetivo vastamente referido neste livro, dado seu raro acontecimento, senão apenas em sede retórica. Ocasião em que melhor se aproximará da vontade nacional. Esta atitude, então, exige o reconhecimento de um novo critério de identificação do efeito confiscatório, qual seja o quali-quantitativo, superando aquele tão somente quantitativo de apuração da vedação.

Como efeito do parâmetro estabelecido para construção de um entendimento sobre o que vem a ser o não confisco tributário no Estado Fiscal Social, será reconhecido um efeito ambivalente, donde a dignidade logra institucionalizar-se ainda mais, aproveitando-se enquanto categoria normativa, para sedimentar-se na sociedade.

Nesta atitude científica, dar-se-á ensejo ao cumprimento de um outro objetivo específico, qual seja o de discutir a implementação de um pretenso modelo de justiça tributária distributiva estruturante, bem como de um modelo de sistema jurídico unitário, pluralista e aberto. E, quando o estudo toma tal caminho, acaba atingindo um outro fundamental objetivo, que se dilui direta e indiretamente na obra, relativo à própria proposta de discussão de um legítimo tema de políticas públicas tributárias, definitivamente relevante aos estudantes do Direito e, em especial, do Direito Tributário. E isso ocorre quando, no cerne da discussão, é travado um embate jurídico que liga o Direito à moralidade política, associando-o àqueles ideais de justiça fiscal e justiça social, ambos voltados ao homem brasileiro. Cumpre, então, uma relação com os desígnios constitucionais, normativos e dirigentes, superando os limites puramente dogmáticos para ser tornar um estudo próprio à zetética jurídica.

Veja-se, assim, que nesta atitude consta o problema originalmente enfrentado, referente à falta de sentido da norma do art.150, IV, da Constituição Federal, como questionamento central do qual irradiam todos os outros aqui debatidos.

Por seu turno, a hipótese a tal indagação já decorre da própria associação pretendida, que, pela sua construção, já demonstra a assumida posição de que é mais viável ao modelo estatal brasileiro a densificação daquele princípio, a partir da dignidade.

Mas tais imbricações geram e são geradas no sentido de promoverem o surgimento de outras associações e relações, como entre

Direito e Política, o que demanda fazer, refazer, admitir e inadmitir conceitos e construções teóricas, o que, definitivamente, direciona o trabalho ao método hipotético-dedutivo, conforme assim o expressa Popper, exemplificativamente, em razão das variadas conjecturas, falseamentos, corroborações, refutações, novas teorias, lacunas e avaliações apontadas ao longo do texto.

No primeiro capítulo, apresenta-se o princípio da dignidade da pessoa humana. Importa o reconhecimento de sua normatividade segundo o posicionamento doutrinário nacional mais atual, principalmente porque, ao reconhecer sua dupla dimensão, negativa e positiva, revela uma condição necessária à lógica do texto, de que o intervencionismo estatal tem a obrigação de superar a simples ideia de negação do homem-objeto, para cumprir prestações, deveres concretos de tutela com medidas positivas de respeito e promoção (exercício e fruição) de uma vida cotidiana moral e lícita.

Num formato assumidamente descritivo, será examinado o princípio da vedação ao efeito confiscatório. Será apresentada sua significação conceitual elementar, posição constitucional, qualidade de direito fundamental e, principalmente, a adoção do critério quantitativo para sua identificação conceitual no âmbito doutrinário (reconhecido pelo Supremo Tribunal Federal), atitude que caminhará para a construção da ideia que fecha o capítulo, de construção de um critério quali-quantitativo de densificação da norma do art. 150, IV, da Constituição.

Finalmente, a lógica hipotético-dedutiva será levada a efeito, com a produção de uma pretensa reflexão teórica sobre a vedação de tributos com efeito confiscatório efetivada pela dignidade da pessoa humana, naquilo que se optou por chamar de ambiente para a gestão de políticas públicas tributárias de inclusão social.

É de se registrar, fundamentalmente, que embora fornecendo um objeto à teoria da interpretação, este livro opta por reforçar o debate em sede de teoria da norma, ainda assim, mediante recortes visíveis. No mesmo sentido, é uma obrigação registrar a admissão de diversos postulados de autores e correntes doutrinárias, sem que, contudo, tenham sido expressamente mencionados, fato que, mesmo caracterizando uma incompletude, é uma opção ao sentido específico do livro, a fim de que não perdesse seu rumo no limitado pensamento do autor. Então, neste aspecto, impende afirmar-se a aplicação do princípio da não negação (proibição da negação) dos pontos de partida de séries argumentativas.

1. O princípio da dignidade da pessoa humana

Nesse primeiro momento, pretende-se cumprir a tarefa de demonstrar os motivos que levaram à escolha do princípio da dignidade da pessoa humana, como orientador da proposta geral de densificação semântica do princípio da vedação de utilização de tributos com efeito de confisco, ambientados numa proposta de políticas públicas tributárias devidamente assentadas na Constituição da República Federativa do Brasil.[1]

E, nesta escolha, remanesce o perigo incontinente de se levar à última linha, o inevitável risco de desagradar sólidas convicções jurídicas que vêm sendo construídas pela comunidade científico-jurídica ao longo destes 30 anos de vigência da nova Carta Republicana. Ajustes e reajustes humanos exequíveis quase que cotidianamente embalam variadas fundamentações jurídicas, mais especialmente no terreno da jurisdição, movendo o tecido social numa tormentosa (e muitas vezes subliminar) marcha desenvolvimentista, também travada através da disputa por direitos.

Aliviar essa tensão não é o desiderato aqui enfrentado. Mas sim, utilizar ao máximo a rica experiência nacional sobre a aplicabilidade social do princípio da dignidade da pessoa humana, principalmente por sua função integradora do sistema jurídico-político-social, quando ele orienta, por exemplo, outros princípios constitucionais como aqui se pretende demonstrar.

Sendo assim, na tentativa de se cumprir a tarefa, o princípio da dignidade da pessoa humana, inserto no art. 1º, III, da Constituição, será apreciado sob vários aspectos, tidos como os mais significativos e necessários às imbricações teóricas objetadas no terceiro capítulo do trabalho. Será estipulado seu significado conceitual (tanto prévio,

[1] Optou-se pela utilização de diversas expressões que designam a Constituição da República Federativa do Brasil, tais como, Carta, Carta Magna, Lei Fundamental, Constituição, entre outras, tendo em vista serem usuais e costumeiras designações adotadas pela comunidade científica, além de evitar a exaustiva repetição de um único termo.

quanto final) e sua condição enquanto dispositivo constitucional. Em seguida, será apreciado à luz da atual condição constitucional brasileira, aprofundando-se, logo após, seu conceito final (por intermédio das dimensões da dignidade da pessoa humana). E, finalmente, relevado a partir da posição judiciária nacional, o que ocorrerá num sentido mais exemplificativo para demonstrar o sentido e a importância de sua escolha.

Evidente que diversas escolhas teóricas desde já estão sendo eleitas. Todavia, entende-se melhor mantê-las provisoriamente em anonimato, evitando-se o desvio do eixo temático. Oportunamente, serão enfrentados os principais postulados jusfilosóficos que sustentam as assertivas de cada tema. Mas, basicamente, a defesa da ideia de um conceito significativamente direcionado à reflexão sobre a vedação de tributos com efeito de confisco, efetivada a partir deste prefalado princípio, enquanto hipótese para a gestão de políticas públicas tributárias de inclusão social, será erigida, principalmente, com base nos ensinamentos doutrinários pontualmente referenciados. Não obstante, tal eleição, inclusive mediante a sistemática adoção de pensamentos e dicções verbo-jurídicas, outros importantes autores serão utilizados, embora com menor frequência e intensidade, sempre na intenção de revelar um conteúdo axiológico que sirva de postulado aos demais capítulos.

1.1. Dignidade da pessoa humana: significação prévia

Já em sede preliminar, seguindo-se o pensamento de Sarlet, é preciso afirmar a existência de diferença conceitual entre as noções de dignidade da pessoa humana e dignidade humana, para quem este último termo significa dignidade da humanidade,[2] diferentemente do primeiro conceito, acolhido pelo Constituinte de 87/88. Para o autor, a dignidade pode significar uma qualidade intrínseca da pessoa humana, assim:

> Inicialmente, cumpre salientar que a dignidade, como qualidade intrínseca da pessoa humana, é algo que simplesmente existe, sendo irrenunciável e inalienável, na medida em que constitui elemento que qualifica o ser humano como tal e dele não pode ser destacado, de tal sorte que não se pode cogitar na possibilidade de determinada pessoa ser titular de uma pretensão a que lhe seja concedida a dignidade [...]. Esta, portanto, como elemento integrante e irrenunciável da natureza da pessoa humana, [...] é algo que se reconhece, respeita e protege, mas não que possa ser criado ou lhe possa

[2] SARLET, Ingo Wolfgang. *A Eficácia dos Direitos Fundamentais*. 9. ed. Porto Alegre: Livraria do Advogado, 2007, p. 115.

ser retirado, já que existe em cada ser humano como algo que lhe é inerente. Não é, portanto, sem razão que se sustentou até mesmo a desnecessidade de uma definição jurídica da dignidade da pessoa humana, na medida em que, em última análise, se cuida do valor próprio, da natureza do ser humano como tal. [...].[3]

Com tal conceituação, cumprindo-se a tarefa de afastar eventual confusão entre aqueles signos e significantes, já se cumpre a de estabelecimento de uma significação prévia para o princípio da dignidade da pessoa humana. E, sem ignorar a existência de variados entendimentos, mas buscando significação e conteúdo como norma jurídica,[4] ele descreve historicamente esta representação para transparecer tratar-se de um valor próprio e intrínseco ao ser humano, que, assim, não pode ser transformado em mero objeto ou instrumento,[5] admitindo-a como "[...] o reduto intangível de cada indivíduo e, neste sentido, a última fronteira contra quaisquer ingerências externas [...]".[6] Dignidade da pessoa humana: um valor;[7] uma última fronteira. Eis um sentido prévio ao princípio, embora admitidas restrições[8] (para fins de graduar a dignidade), oferece uma condição mínima de enfrentamento do tema, porque "[...] é simultaneamente limite e tarefa dos poderes estatais [...]".[9] E, como adverte o autor, nesta segunda hipótese, reclama que estes guiem suas ações preservando e criando condições para seu exercício, ocasião em que o indivíduo precisa do Estado[10] ou da ordem comunitária para implementar mudanças.

Evidente, desde já, a existência de uma porta aberta para o diálogo entre ambos os princípios (até porque, juridicamente, gozam de preciosas significações, como se nota dos ensinamentos, por exemplo, de José Afonso da Silva[11]), por intermédio deste ambiente de políticas

---

[3] SARLET, op. cit., p. 113-114.

[4] Ibid., p. 110.

[5] Ibid., p. 111.

[6] Ibid., p. 122.

[7] Como antecipado anteriormente, provisoriamente, serão admitidos os conceitos mais elementares sobre o que vem a ser e qual o conteúdo da dignidade da pessoa humana. Mas não se ignora ser ela reconhecida, por exemplo, como um "atributo" emprestado ao ser humano, por derivação de um sentido puramente antropológico que remonta estudos desde a *vontade de potência* nietzcheana ou o *conatus* spinoziano, elementos filosóficos que forçam a transcendência conceitual do princípio para muito além da epistemologia jurídica, quiçá infindável.

[8] SARLET, op. cit., p. 122.

[9] Ibid., p. 115.

[10] Embora não fique evidente o uso da expressão "Estado" como designando os Poderes Legislativo, Executivo e Judiciário (art. 2º da Constituição), aqui se toma por mais razoável tal impressão, favorecendo a ideia de sociedade organizada como o conjunto de indivíduos reclamantes de preservação e exercício da dignidade, frente às instituições estatais.

[11] Cf. SILVA, José Afonso da. *Curso de Direito Constitucional Positivo*. 24. ed. São Paulo: Malheiros, 2005, p. 105: "*Dignidade da pessoa humana* é um valor supremo que atrai o conteúdo de todos os

tributárias, exatamente quando se lança mão da efetiva participação do Estado na execução de tarefas implementadoras do bem comum,[12] muito especialmente, dos direitos fundamentais dispersamente previstos na Carta pátria.

1.2. Disposição constitucional: o art. 1º, III, da Constituição Federal

O princípio da dignidade da pessoa humana foi explicitamente lançado na Constituição brasileira, no dispositivo[13] constante do art. 1º, III.

Calha bem rever todo o art. 1º da Constituição Federal:

> **Art. 1º** A República Federativa do Brasil, formada pela união indissolúvel dos Estados e Municípios e do Distrito Federal, constitui-se em Estado Democrático de Direito e tem como fundamentos:
>
> I – a soberania;
>
> II – a cidadania;
>
> III – a dignidade da pessoa humana;

---

direitos fundamentais do homem, desde o direito à vida. 'Concebido como referência constitucional unificadora de todos os direitos fundamentais [observam Canotilho e Vital Moreira], o conceito de dignidade da pessoa humana obriga a uma densificação valorativa que tenha em conta o seu amplo sentido normativo-constitucional e não uma qualquer ideia apriorística do homem, não podendo reduzir-se o sentido da dignidade humana à defesa dos direitos pessoais tradicionais, esquecendo-a nos casos de direitos sociais, ou invocá-la para construir 'teoria do núcleo da personalidade' individual, ignorando-a quando se trate de garantir as bases da existência humana". Daí decorre que a ordem econômica há de ter por fim assegurar a todos existência digna (art. 170), a ordem social visará a realização da justiça social (art. 193), a educação, o desenvolvimento da pessoa e seu preparo para o exercício da cidadania (art. 205) etc., não como meros enunciados formais, mas como indicadores do conteúdo normativo eficaz da dignidade da pessoa humana". Esta explicação prestada pelo tradicional constitucionalista brasileiro, a despeito de sua admitida pesquisa também pelas mãos lusitanas, é extremamente útil a este trabalho, pois refere o tratamento da dignidade da pessoa humana legitimado a partir dos estudos sobre direitos fundamentais, numa proposta de densificação que tenha por conta o sentido normativo-constitucional, como aqui se defende, do dispositivo constitucional do art. 150, IV, da CRFB. Fato que legitima ainda mais a proposta da presente tese.

[12] A expressão "bem comum" está sendo utilizada para indicar aquilo que é conveniente a toda comunidade brasileira, enquanto a soma de seus habitantes (e não apenas povo) e instituições públicas. Assim, amplia-se a expressão em favor, por exemplo, de estrangeiros.

[13] Utiliza-se a expressão "dispositivo" no mesmo sentido emprestado por Canotilho, designativo da parte de um texto ainda a interpretar, embora, posteriormente, depois deste primeiro capítulo, a expressão passe automaticamente a designar um dispositivo constitucional qualquer, à luz da definição adotada no processo legislativo brasileiro, sem qualquer conotação quanto ao seu conteúdo ou estado atual. Cf. CANOTILHO, José Joaquim Gomes. *Direito Constitucional e Teoria da Constituição*. 4. ed. Coimbra: Almedina, 2000, p. 1.166. "**Norma** é o sentido ou significado adscrito a qualquer disposição (ou a um fragmento de disposição, combinação de disposições, combinações de fragmentos de disposições). **Disposição** é parte de um texto ainda a interpretar; *norma* é parte de um texto interpretado".

IV – os valores sociais do trabalho e da livre iniciativa;

V – o pluralismo político.

Parágrafo Único. Todo o poder emana do povo, que o exerce por meio de representantes eleitos ou diretamente, nos termos desta Constituição.

Esta visualização prévia, apesar de logo em seguida ser justificada cientificamente, permite a antecipada conclusão de que o Poder Constituinte brasileiro da década de 80 optou por lançar no primeiro dispositivo constitucional uma plêiade de princípios de variada tipologia, mas tomando o cuidado de, ao mencionar sua existência no sistema de direito constitucional positivo, orientá-los minimamente, uns em relação aos outros. E assim ocorre com aqueles princípios constantes do *caput* do dispositivo, em relação àqueles previstos em seus cinco incisos.

Não obstante a presença da invocação a Deus no preâmbulo da Constituição Federal, o que, para muitos especialistas, sugere influência de um deísmo[14] presente nas correntes religiosas, *exempli gratia*, cristã, judaica e muçulmana, o mesmo não se pode dizer do art. 1º, fixador dos princípios fundamentais da República Federativa do Brasil,[15] sabidamente laica. Mas não se nega aqui o conhecimento ou a procedência de acertadas críticas filosóficas, políticas e jurídicas (principalmente estas três), quanto à interpretação da vida da sociedade e do Estado por intermédio de locuções doutrinárias que emprestam

---

[14] LEAL, Rogério Gesta. O Fenômeno Jurídico: Natureza e Fundamentos. *Direito em Debate*, Universidade de Ijuí, v. 1, n. 1, (out. 1991): Editora UNIJUÍ, 1991, p. 7-23. Neste artigo científico, Rogério Gesta Leal fornece importante substrato histórico, colhendo-se não só o momento em que o deísmo incorporou-se como um dos fundamentos do Iluminismo, mas também as circunstâncias em que tal acontecimento ocorreu e sob as mãos de pensadores floresceu a filosofia positivista a partir dos séculos XVI e XVII. O autor examina as concepções de mundo e de homem e suas mutações no tempo, examinando o tema do conhecimento humano dos povos gregos até a modernidade. Estrutura mitológica e filosofia jônica na Grécia, recuo filosófico no Império Romano, organizações feudais, a categoria social da burguesia na Idade Moderna e, finalmente, o surgimento do Renascimento, antecedem as indispensáveis explicações sobre o que denomina de florescimento da filosofia positivista, chegando-se ao pensamento de Augusto Comte. No contexto renascentista dos séculos XVI e XVII, conforme resume o autor, em que surge um movimento cultural, a corrente iluminista (defensora de liberdade e oportunidade), lançava suas bases pela via do racionalismo, antiabsolutismo, anticlericalismo, liberalismo, liberalismo e deísmo, atingindo-se, assim, a mencionada filosofia positivista. Posteriormente, como continua o autor, Augusto Comte lançou-a como base fundante das ciências sociais. No trabalho, Leal aduz que o deísmo é a crença em um Deus que teria criado o mundo, mas que não atuava sobre ele. Então, é no mínimo interessante afastar-se a ideia de aceitação de uma condição metafísica ou religiosa sobre os problemas constitucionais aqui debatidos, evitando-se qualquer tipo de aproximação às correntes jusnaturalistas. Aceita-se a vinculação da Constituição (suas normas) a um conteúdo axiológico tal, mas sem jamais fugir do sistema de direito positivo vigente no Brasil.

[15] Cf. MORAES, Alexandre de. *Direito Constitucional*. 10. ed. São Paulo: Atlas, 2001, p. 280: "A República Federativa do Brasil é leiga ou laica, uma vez que há separação total entre Estado e Igreja, inexistindo religião oficial".

um conteúdo religioso[16] ao político e ao próprio sistema de direito positivo. Mas essa discussão não é óbice ao pensamento, que, definitivamente, deixará transparecer um afastamento dos desígnios religiosos, para defender a racionalidade como condutora do desenvolvimento (econômico, social e humano). Ancorado em afirmação de Marilena Chauí, Sérgio Cardoso enfrenta o problema da teologização da política, a partir do exame do republicanismo pátrio, contrapondo-se ao fundamento religioso emprestado à ordem política.[17]

Considerando-se tais circunstâncias científicas, permitida a amplitude da avaliação, é importante examinar o próprio princípio da dignidade da pessoa humana como um princípio fundamental do Estado brasileiro, que vem colocado à disposição para densificar e concretizar muitos outros princípios, como seria o caso dos princípios republicano, federativo, democrático e do Estado de Direito, todos previstos no prefalado art. 1º da Constituição. Eis, então, uma confrontação racional sobre ser a dignidade da pessoa humana um dos fundamentos da República brasileira, tal como refere Silva,[18] ganhando o lugar e a importância suficientes para sustentar sua defesa na insípida e velada guerra civil[19] que assombra o cotidiano do povo

---

[16] Cf. CARDOSO, Sérgio. Apresentação. In: CARDOSO, Sérgio (org.). *Retorno ao Republicanismo*. Belo Horizonte: Editora UFMG, 2004, p. 9: "Por que, no Brasil, pensar e repensar a república? Por que o terreno do republicanismo nos parece apropriado para o enraizamento de nossas indagações políticas? Certamente não nos ocorreria responder a estas questões pela alegação do perfil republicano de nossas instituições ou de um apego já secular a seus princípios. Pois, ao contrário, o que nos atrai para esse terreno parece sobretudo a constatação da falta e do déficit dos elementos que aí se assinalam como as condições e instrumentos da vida política".

[17] Ibid., p. 11-12: "A substituição da política pela guerra purificada do mal, a figura do político revezada pela do profeta ('os discursos e ações de Bush, Bin Laden, Khomeine, Sharon são as expressões mais perfeitas e acabadas da impossibilidade da ordem política') assinalam o propósito agressivo de devolver ao social um fundamento religioso, de recristianizar, rejudaizar, reislamizar a ordem política. Ora, esse avanço da religião, como se verá, não é estranho à forma pós-industrial e neoliberal assumida pelo capitalismo. Pois esta nos confronta com uma nova experiência do espaço e do tempo (espaço indiferenciado do capital do capital financeiro, sem distância; tempo sem profundidade, pela 'perda do sentido do futuro', comprimido na instantaneidade fugaz do presente), a experiência do fragmentado, do efêmero e do contingente que vem, justamente, suscitar a aspiração por um tempo santo, contínuo e finalizado, e a recusa da racionalidade moderna do tempo da história e da política. Esse mesmo processo mostra ainda o ensaio, permite compreender o fascínio atual por autores como Carl Schmitt e Leo Strauss, que se associam em sua recusa veemente dos fundamentos da modernidade, da Revolução Francesa e do próprio liberalismo, e que opõem a eles, por vias diversas, o antídoto da teologização da política".

[18] SILVA, op. cit., p. 104.

[19] Cf. MIR, Luís. *Guerra Civil, Estado e Trauma*. São Paulo: Geração Editorial, 2004, p. 69-70: "O tipo de pátria proposto e que se sanciona a partir do século XIX é o de um país que teoricamente integra, mas na verdade é segregacionista de fato com as amplas maiorias minorizadas. Um Estado interessado, desde o começo, em ocultar ao índio, ao africano, ao mestiço, que requer como condição *sine qua non* a aceitação prévia, indiscutível e indiscutida de sua aculturação global. Plasmaram-se novas formas de discriminação social e étnica; não foi permitido aos indígenas,

brasileiro, pela incapacidade teórica e prática de governar e instituir políticas transformadoras da realidade, como aponta Luís Mir.

Entretanto, para que se recepcione o princípio da dignidade da pessoa humana, previsto no art. 1º, III, da Constituição, como um princípio jurídico fundamental capaz de ensejar densidade e, talvez, concretização ao princípio constitucional impositivo previsto no art. 150, IV, é fundamental que previamente se defenda a tipologia de princípios e regras da Constituição como sistema aberto,[20] conformando-se, então, a tese com o pensamento de Canotilho, e sempre preservada sua superioridade hierárquico-normativa.

Adotando-se aqui a posição de que normas se subdividem em princípios e regras,[21] afirmando-se implicitamente os critérios[22] que diferenciam uns dos outros, dignidade da pessoa humana é um princípio jurídico fundamental presente no texto constitucional pátrio. E, como tal, está imbuído das dimensões positiva e negativa atribuídas aos princípios, razão pela qual permite sua aplicabilidade quando da otimização de outros princípios, subprincípios ou regras. É necessário, então, examinar o pensamento de Canotilho, por que esta perspectiva principialista do sistema constitucional permite respirar, legitimar, enraizar e caminhar o próprio sistema.[23] E, como refere o autor

aos afro-brasileiros, aos mestiços ou às outras minorias se incorporarem como cidadãos com plenos direitos a um Estado considerado liberal. Para manter a marginalização definitiva das etnias que já eram mantidas à margem durante o período colonial, adotou-se como norma e prática a guerra civil. Significa a incapacidade ou a falta de intenção de alguns pensadores políticos do século XIX de elaborar, em termos teóricos e realizar na prática, um plano de bom governo, capaz de instituir políticas que levassem a uma transformação real, não fictícia, da sociedade brasileira colonial, escravocrata e diferencialista".

[20] CANOTILHO, op. cit., p. 1.121-1.153.

[21] Sabe-se que Canotilho apoia grande parte de seu pensamento na matriz constitucional de origem alemã. Em razão disto, é preciso esclarecer que para os fins deste trabalho não há relevância fundamental entre as diferenças de pensamento de Robert Alexy e Ronald Dworkin, no que se refere à teoria dos princípios, pois o trabalho tem um sentido diferenciado. Enquanto o primeiro deles laborou no sistema de direito continental, o segundo trabalhou no sistema da *common Law*, o que sabidamente, gerou e gera diferenças de conceituação, reconhecimento e aplicação de princípios e regras, tais como as diferenças de natureza qualitativa ou lógica, dimensão de peso (ou importância), aplicação *all-or-nothing* (atualmente questionada), lei de colisão, aplicação por ponderação etc. É que o trabalho não prevê, por exemplo, o conflito entre os artigos 1º, III, e 150, IV, da Constituição. Tem por objeto sua aproximação no campo das políticas tributárias, buscando otimizar o segundo em razão do primeiro, oferecendo-lhe consistência jurídico-normativa mínima, dada sua vagueza e imprecisão. É o que, grosso modo, se pode agora adiantar. Basta, então, concordar com Alexy, de que princípios são normas, e que determinam realização medida mais ampla possível quando diante de situação fáticas e jurídicas.

[22] Cf. CANOTILHO, op. cit., p. 1.124: "Saber como distinguir, no âmbito do superconceito norma, entre **regras** e **princípios**, é uma tarefa particularmente complexa. Vários são os critérios sugeridos. a) *Grau de abstração* [...]. b) *Grau de determinabilidade* [...]. c) *Caráter de fundamentalidade* [...]. d) *Proximidade da ideia de direito* [...]. f) *Natureza normogenética* [...]". (*Sic*)

[23] CANOTILHO, op. cit., p. 1.127.

lusitano,[24] assim se possibilita a concretização, densificação e realização prática das mensagens normativas da Constituição, ocasião em que "[...] a individualização de princípios-norma permite que a constituição possa ser realizada de forma gradativa, segundo circunstâncias factuais e legais [...]".[25]

Definindo os princípios jurídicos fundamentais, Canotilho afirma o seguinte:

> Consideram-se **princípios jurídicos fundamentais** os princípios historicamente objectivados e progressivamente introduzidos na consciência jurídica e que encontram uma recepção expressa ou implícita no texto constitucional. Pertencem à ordem jurídica positiva e constituem um importante fundamento para a interpretação, integração, conhecimento e aplicação do direito positivo.[26]

Ora, tal qualificação encontra plena ressonância com aquele conceito de dignidade da pessoa humana emprestado por Silva,[27] quando do exame da hipótese brasileira. A Constituição do Brasil, em seu art. 1º, III, fixa este princípio jurídico como fundamental[28] à República Federativa erigida em Estado Democrático de Direito.

E, concluindo com Hugo Thamir Rodrigues, "[...] devem sempre ser levados em conta por todo e qualquer órgão encarregado de aplicar o direito, quer seja em atividades meramente interpretativas quer seja em atos conformadores [...]".[29] Fixada sua tipologia, posteriormente serão apontadas suas funções (positiva e negativa).

Por ser o momento em que tais definições e classificações se operam como sustentáculo da proposta de densificação da norma constante do art. 150, IV, da Constituição, é oportuno que se antecipe sua

---

[24] Tendo em vista a assunção da obra de Canotilho como uma das principais bases teóricas do presente trabalho, a terminologia por ele utilizada será adotada *in totem*, e, paulatinamente, explicada, conforme sua necessidade.

[25] Loc. cit.

[26] Ibid., p. 1.128.

[27] Ver nota número nº 10.

[28] Todavia, no Brasil não se pode afirmar, taxativamente, que o princípio da independência e harmonia dos Poderes (presente no art. 2º da Carta), tido por Canotilho como princípio caracterizador da organização política, se subsume ao princípio jurídico fundamental da dignidade da pessoa humana, embora este seja um empecilho formal e não material. Este fato também não é objeto de estudo deste trabalho, mas sua discussão pode representar uma necessidade nacional, especialmente se tomadas por base as reiteradas decisões do Supremo Tribunal Federal, cujos fundamentos são repristinatórios, calcados no costumeiro argumento de autoridade, onde se menciona o princípio, mas sem jamais se determinar seu conceito jurídico, o próprio conteúdo.

[29] RODRIGUES, Hugo Thamir. *Harmonização Solidária das Políticas Tributárias Municipais*: Um Princípio Constitucional Geral, Implícito, Delimitador das Ações Tendentes ao Cumprimento da Função Social dos Municípios. 2003. 276 f. Tese (Curso de Pós-Graduação em Direito – Programa de Doutorado) Universidade Federal de Santa Catarina, Florianópolis, 2003.

tipologia para, posteriormente, apenas sustentar aquilo que se denomina (também em caráter provisório) de atitude parametrizante.[30]

O dispositivo constante do art. 150, IV, da Constituição, que positiva o princípio da vedação de tributo com efeito de confisco, é, tipologicamente, um princípio constitucional impositivo a teor do que refere Canotilho. E isso se deve, fundamentalmente, à seguinte definição sobre princípios impositivos:

> Nos **princípios constitucionais impositivos** subsumem-se todos os princípios que impõem aos órgãos do Estado, sobretudo ao legislador, a realização de fins e a execução de tarefas. São, portanto, princípios dinâmicos, prospectivamente orientados. Estes princípios designam-se, muitas vezes, por "preceitos definidores dos fins do Estado" (assim Scheuner: Staatszielbestimmungen), "princípios directivos fundamentais" (Häfelin), ou "normas programáticas, definidoras de fins ou tarefas".[31]

Depois de apresentar este conceito, Canotilho insiste em afirmar que os princípios constitucionais impositivos se destinam, sobretudo, para o legislador, como "[...] linhas rectrizes da sua actividade política e legislativa [...]".[32] Ora, é cristalina a intenção de se destinar as imposições principiológicas à própria função legiferante, que já vem imiscuída de grande carga política. Sabe-se que, no Brasil, por ocasião da distribuição das competências entre os Poderes do Estado, em todas as esferas da federação, os Poderes Legislativo, Executivo e Judiciário possuem, ao mesmo tempo, funções típicas e atípicas,[33] com o que, os dois primeiros exercem – respeitadas as condições constitucionais, o processo legislativo e as regras de competência – funções típicas e atípicas também na seara das políticas tributárias, interferindo direta ou indiretamente na tributação. Então, é de se entender que a vedação de tributos confiscatórios é princípio impositivo, e que se aplica indistintamente a qualquer Poder do Estado, quando, conforme o caso, exerçam eles uma função tributária típica ou atípica.

Ad argumentandum tantum, quando satisfeitos os pressupostos de relevância e urgência, o Executivo pode editar medidas provisórias fixando, por exemplo, aspectos da aplicabilidade da lei. E, no caso da

---

[30] A explicação sobre a expressão "atitude parametrizante" foi reservada para o último capítulo deste trabalho, uma opção de desenvolvimento temático que não prejudica a apresentação.

[31] CANOTILHO, op. cit., p. 1.130.

[32] Loc. cit.

[33] Cf. MORAES, op. cit., p. 370: "A Constituição Federal consagrou em seu art. 2º a tradicional tripartição de Poderes, ao afirmar que são Poderes do Estado, independentes e harmônicos entre si, o Legislativo, o Executivo e o Judiciário. Com base nessa proclamação solene, o próprio legislador constituinte atribuiu diversas funções a todos os Poderes, sem, contudo caracterizá-la com a *exclusividade absoluta*. Assim, cada um dos Poderes possui uma função *predominante*, que o caracteriza como detentor de parcela da soberania estatal, além de outras funções previstas no texto constitucional. São as chamadas funções típicas e atípicas".

edição de decretos executivos poderá, por exemplo, promover atualizações monetárias sobre alíquotas tributárias, sem que interfira nas regras de competência tributária criadas pelo Legislativo. Mesmo em sede de exceção, em certos casos, a Constituição permite, por exemplo, a majoração de alguns tributos, como consta do próprio art. 153, § 1º, situação qualificada como uma faculdade atribuída ao Poder Executivo.[34] O que demonstra que a tripartição de Poderes adota, positivamente, o mecanismo de controles recíprocos (*checks and balances*),[35] como amplamente difundido pela doutrina jurídica brasileira, revelando que as funções típicas e atípicas são vias que implementam aquelas funções legiferantes. E estas atraem os princípios constitucionais impositivos.

Definida esta tipologia para os princípios da dignidade da pessoa humana e do não confisco tributário, no último capítulo do trabalho será sustentada uma aproximação entre ambos, o que, cautelarmente, aqui se prefere chamar de diálogo entre princípios. E, para que se chegue a tal discussão, antes será preciso demonstrar (no capítulo segundo) a indeterminação jurídico-conceitual do art. 150, IV, da Constituição, ainda muito distante de sua norma e, por esse motivo, também distante da vida social.

Então, momentaneamente, a ideia de que princípios jurídicos constitucionais, notadamente as duas classes antes examinadas, poderiam atuar imbricadamente[36] para que um deles densificasse o outro e, talvez, lhe revelasse pelo menos um nível primário de concretização,[37] pautando uma expectativa de concordância prática,[38] evidente, depois de demonstrada tal necessidade no ambiente das políticas tributárias construídas para a normatividade,[39] toma ares de mera afirmação sob pena de furtar a lógica da apresentação e causar uma confusão que, por honestidade intelectual, prejudicaria a adequada construção da dissertação, dadas as limitações autorais. Assim se afirma o tema, dogmaticamente.

---

[34] Cf. MACHADO, Hugo de Brito. *Curso de Direito Tributário*. 29. ed. São Paulo: Malheiros, 2008, p. 274: "Com efeito, o § 1º do art. 153 da Constituição Federal de 1988 faculta ao Poder Executivo, atendidas as condições e os limites estabelecidos em lei, alterar as alíquotas dos impostos sobre: – importação de produtos estrangeiros; – exportação, para o exterior, de produtos nacionais ou nacionalizados; – produtos industrializados; – operações de crédito, câmbio e seguro, ou relativas a títulos ou valores mobiliários".

[35] MORAES, op. cit., p. 368.

[36] CANOTILHO, op. cit., p. 1.149.

[37] Ibid., p. 1.185.

[38] Ibid., p. 1.188.

[39] Ibid., p. 1.166.

1.3. O atual contexto constitucional brasileiro

O atual contexto constitucional brasileiro não só é pródigo em incertezas, diferenças, complexidades, enfim, em vergastadas lições teóricas e práticas acerca da destruída, construída e reconstruída mentalidade jurídica, política e social, como também depositário de uma histórica herança de luta de sua gente. Razão pela qual permite que se entendam os motivos que nos levam à cotidiana utilização do princípio da dignidade da pessoa humana, principalmente na função jurisdicional (típica), pois flagrante a insatisfação com os destinos reservados ao país e ao povo.

Não se trata apenas da confiança depositada no Poder Judiciário, mas da esperança de que crenças, opiniões, convicções, desejos e direitos malferidos sejam estabelecidos ou restabelecidos, onde se opera uma arriscada devolução das ansiedades políticas nas mãos de um único Poder do Estado, o que também é um erro.[40] E tem sido assim que a jurisdição opera, utilizando-se, não raras vezes, do princípio da dignidade da pessoa humana, para densificar, concretizar, gerar concordância prática a vários dispositivos constitucionais e infraconstitucionais. Por que isso ocorre? Como isso ocorre? São questionamentos que, para serem respondidos, exigem breve digressão sobre o atual estado das coisas, sobre o encontro do povo com o seu país neste novo contexto constitucional.

Lidar com os princípios constitucionais, depositários dos valores morais defendidos pelos homens desta terra brasileira, implica defender um constitucionalismo normativo, coadunado com as construções pós-positivistas mais defendidas na atualidade mundial, especialmente naquilo em que contribuem à solução dos problemas brasileiros, somando-se, naturalmente, carga moral e texto constitucional.[41]

---

[40] Ao que se pode ver, o trabalho tangencia temas como democracia e gestão participativas, jurisdição política e interventiva, políticas públicas e gestão do espaço público pelo cidadão, entre outros vastamente discutidos, por exemplo, por Leal, e que estabelecem uma discussão bastante profunda relacionada ao embate entre procedimentalismo habermasiano e substancialismo hermenêutico. Por ora esta discussão em nada afeta a produção científica, até porque se subentendem as principais posições teóricas pelas escolhas autorais explícitas e implícitas, neste caso, cita-se o culturalismo de Peter Häberle, defendendo-se, igualmente, a supremacia da Constituição, por intermédio da "produção social da norma". A classificação em *produção democrática*, *produção judicial* e *produção social* não será enfrentada, porquanto exigir a escolha de método de interpretação, fugindo, assim, aos método de abordagem e de procedimento escolhido, escolha que ampliaria em demasia o trabalho. Parafraseando Humboldt, seria discutir os limites da ação dos Poderes do Estado.

[41] LEAL, Rogério Gesta. *Estado, Administração Pública e Sociedade*: novos paradigmas. Porto Alegre: Livraria do Advogado, 2006, p. 128: "De se ver que o âmbito de subjetividade que a moral contém implica não se tratar apenas de saber se é ou não legal determinado ato de gestão pública, mas se ele está ou não em consonância com os anseios de justiça, objetivos e princípios que

E a comunidade jurídica enfrenta este denodado esforço, como demonstra Luís Roberto Barroso:

> A Constituição *normativa* é aquela não apenas juridicamente válida, mas que está, além disso, vivamente integrada na sociedade. Suas normas dominam o processo político ou, inversamente, o processo de poder se amolda às normas da Lei Maior, submetendo-se a elas. "Para usar uma expressão de todos os dias: a Constituição é a roupa que assenta bem e que realmente veste". No outro extremo está a Constituição *semântica*, subalterna formalização da situação de poder político existente, para o exclusivo benefício dos detentores do poder de fato, que dispõem do aparato coativo do Estado. Se não houvesse nenhuma Constituição formal ou escrita, a vida institucional não seria perceptivelmente diferente. "A roupa não veste, como no caso da Constituição normativa, mas esconde, dissimula ou disfarça". Entre a Constituição normativa e a Constituição semântica, situa-se a Constituição *nominal*. Aqui, a dinâmica do processo político não se adapta às suas normas, mas conserva um caráter educativo e prospectivo. Existe, neste caso, uma desarmonia entre os pressupostos sociais e econômicos existentes e a aspiração constitucional, a ser sanada com o passar do tempo, pelo amadurecimento esperado. "A roupa fica por certo tempo guardada no armário e será vestida quando o corpo nacional haja crescido". Confortavelmente, sem pressa, os detentores do poder esperam pelo futuro, "seja do país grande potência, dos país rico ou do país educado". Na República, as Constituições de 1891, 1934 e 1946 foram nominais. As Cartas de 1937, 1967 e 1969 foram semânticas. Já percorremos os ciclos do atraso. A Constituição de 1988, em meio a incontáveis vicissitudes, tem mobilizado um esforço, tanto de parte da doutrina como de diversos tribunais, de realização de um constitucionalismo normativo.[42]

O Brasil já percorreu os ciclos do atraso constitucional. O novel Diploma Fundamental carrega, sim, o fardo de mobilizar um esforço geral para realização do constitucionalismo normativo que torne efetivo o sistema de direito positivo ordenado a partir do texto constitucional, integrando-o definitivamente na sociedade, como leciona Barroso. Mas, para que isso ocorra, para que suas normas dominem o poder ou para que ele se amolde a elas, é preciso enfrentar epistemologicamente cada uma e todas as imbricações que a Constituição, suprema, normativa e dirigente, outorga aos atores sociais, para que, com a segurança e a certeza jurídica de que se necessita, se possa construir uma sociedade segundo os objetivos previstos no seu art. 3º.[43]

---

informam a organização social dos administrados, previamente insertos no Texto Constitucional". Veja-se que o autor vincula o texto constitucional com a moralidade, embora tratando especificamente do controle da moralidade pública, fixando-se o que denomina de vetores axiológicos administrativos impositivos do interesse público sobre o privado.

[42] BARROSO, Luís Roberto. *Interpretação e Aplicação da Constituição*: fundamentos de uma dogmática constitucional transformadora. 3. ed. São Paulo: Saraiva, 1999, p. 240-241.

[43] Art. 3º. Constituem objetivos fundamentais da República Federativa do Brasil: I – construir uma sociedade livre, justa e solidária; II – garantir o desenvolvimento nacional; III – erradicar a pobreza e a marginalização e reduzir as desigualdades sociais e regionais; IV – promover o bem de todos, sem preconceitos de origem, raça, sexo, cor, idade e quaisquer outras formas de discriminação.

E certo grau de segurança e certeza jurídica é admissível, mesmo em se tratando de um sistema aberto, inexistindo contradição quando mantida a perspectiva juspositivista (ou pós-positivista, como também é definida).

Esta positividade constitucional é definitivamente enfrentada e reconhecida por Canotilho, *in verbis*:

> I – O direito constitucional como direito positivo.
>
> O sentido histórico, político e jurídico da constituição escrita continua hoje válido: a constituição é a ordem jurídica fundamental de uma comunidade. Ela estabelece em termos *de direito* e com os meios *do direito* os instrumentos de governo, a garantia de direitos fundamentais e a individualização de fins e tarefas. As regras e princípios jurídicos utilizados para prosseguir estes objectivos são, como se viu atrás, de diversa natureza e densidade. Todavia, no seu conjunto, regras e princípios constitucionais valem como "leis": o *direito constitucional é direito positivo.* Neste sentido se fala na "constituição como norma" (Garcia de Enterria) e na "força normativa da constituição" (K. Hesse). A complexa articulação da "textura aberta" da constituição com a positividade constitucional sugere, desde logo, que a garantia da força normativa da constituição não é tarefa fácil, mas se o direito constitucional é direito positivo, se a *constituição vale como lei*, então as regras e princípios constitucionais devem obter *normatividade* regulando jurídica e efetivamente as relações da vida (P. Heck), dirigindo as condutas e dando segurança a expectativas de comportamentos [...].[44]

O direito constitucional é direito posto.[45] A Constituição ocupa posição hierárquica superior na estrutura legal, dotando-se de poder dirigente e força normativa, gestionando um sistema jurídico aberto, donde se retira que o direito é um instrumento (processo de adaptação social, segundo conceitua Pontes de Miranda),[46] não se podendo admitir ter um fim em si mesmo, senão apenas em relação aos homens, destinatários naturais da ordenação.

Definidas essas condições preliminares, é importante apresentar o contexto histórico da experiência política e constitucional brasileira, com o qual floresce a situação de enfrentamento do período pré-constituinte da Constituição de 1988, renovando-se os antecedentes que deram e dão guarida à posição jurídica adotada hodiernamente

[44] CANOTILHO, op. cit., p. 1.139-1.140.

[45] Estão sendo utilizados indistintamente os termos "positivismo" e "pós-positivismo", como sinônimos um do outro, até por se aceitar a concepção de supremacia da Constituição, amparada no culturalismo constitucional de Häberle, que supera o positivismo tradicional, eis que as variações terminológicas não têm o condão de, automaticamente, criar ou mudar sistemas.

[46] PONTES DE MIRANDA, Francisco Cavalcanti. *Sistema de Ciência Positiva do Direito.* 2. ed. Rio de Janeiro: Borsoi, 1972, p. 284: "Adaptação e os movimentos (regras jurídicas) para corrigir os defeitos de adaptação do homem à vida social (o que é também processo de adaptação) contêm todo o Direito".

pelos tribunais pátrios (principalmente). Nisso, as palavras de Barroso e Barcellos:

> A experiência política e constitucional do Brasil, da independência até 1988, é a melancólica história do desencontro de um país com sua gente e seu destino. Quase dois séculos de ilegitimidade renitente do poder, de falta de efetividade das múltiplas Constituições e de uma infindável sucessão de violações da legalidade constitucional. Um acúmulo de gerações perdidas. A *ilegitimidade* ancestral materializou-se na dominação de uma elite de visão estreita, patrimonialista, que jamais teve um projeto de país para toda a gente. Viciada pelos privilégios e pela apropriação privada do espaço público, produziu uma sociedade com *deficit* de educação, de saúde, de saneamento, de habitação, de oportunidades de vida digna. Uma legião imensa de pessoas sem acesso à alimentação adequada, ao consumo e à civilização, em um país rico, uma das maiores economias do mundo. A *falta de efetividade* das sucessivas Constituições brasileiras decorreu do não reconhecimento de força normativa aos seus textos e da falta de vontade política de dar-lhes aplicabilidade direta e imediata. Prevaleceu entre nós a tradição européia da primeira metade do século, que via a Lei Fundamental como mera ordenação de programas de ação, convocações ao legislador ordinário e aos poderes públicos em geral. Daí porque as Cartas brasileiras sempre se deixaram inflacionar por promessas de atuação e pretensos direitos que jamais se consumaram na prática. Uma história marcada pela insinceridade e pela frustração. O *desrespeito à legalidade constitucional* acompanhou a evolução política brasileira como uma maldição, desde que D. Pedro I dissolveu a primeira Assembleia Constituinte. Das rebeliões ao longo da Regência ao golpe republicano, tudo sempre prenunciou um enredo acidentado, onde a força bruta diversas vezes se impôs sobre o Direito. Foi assim com Floriano Peixoto, com o golpe do Estado Novo, com o golpe militar, com o impedimento de Pedro Aleixo, com os Atos Institucionais. Intolerância, imaturidade e insensibilidade social derrotando a Constituição. Um país que não dava certo.[47]

Com bastante precisão, Barroso e Barcellos reafirmam o que muitos pensadores das ciências humanas têm afirmado sobre a história do Brasil. Ao longo de meio milênio, o país ainda se constrói sob os auspícios de um enredo (de vida) acidentado, uma verdadeira entropia social que tem ferido de morte a ordem e o progresso, que mais se restringem ao estandarte nacional, na sua simbologia oficial, do que se efetivam no seio social como pretensamente se quer.

Seguem os autores:

> A Constituição de 1988 foi o marco zero de um recomeço, da perspectiva de uma nova história. Sem as velhas utopias, sem certezas ambiciosas, com o caminho a ser feito ao andar. Mas com uma carga de esperança e um lastro de legitimidade sem precedentes, desde que tudo começou. E uma novidade. Tardiamente, o povo ingressou na

[47] BARROSO, Luís Roberto; BARCELLOS, Ana Paula de. O Começo da História. A Nova Interpretação Constitucional e o Papel dos Princípios no Direito Brasileiro. In: BARROSO, Luís Roberto (org.). *A Nova Interpretação Constitucional*: ponderação, direitos fundamentais e relações privadas. Rio de Janeiro: Renovar, 2006, p. 327.

trajetória política brasileira, como protagonista do processo, ao lado da velha aristocracia e da burguesia emergente.[48]

Como se pode ver, a partir do texto constitucional de 1988, a história do Brasil viu nascer seu recomeço em busca dos destinos nacionais, da realização do bem comum, da participação ativa do povo[49] nas decisões, da implementação dos direitos, enfim, da satisfação das vontades humanas. E o povo tem-se apropriado dos espaços públicos, arvorando-se como um dos atores sociais envolvidos na proposta desenvolvimentista no florescer da democracia participativa. Frise-se, então, o importante papel da Constituição na realização destes desígnios, como mantenedora do rumo e dos horizontes almejados. A Lei Fundamental é, pois, refratária de todos os desmandos autoritários que naturalmente se evolam na sociedade, garantindo a manutenção dos valores defendidos pelo próprio povo. É o escudo e a espada. É o próprio epicentro de onde partem e para onde convergem todos os discursos, legais ou ilegais, formais ou informais, verdadeiros ou falsos.

Por isso a importância de se discutir a temática da efetividade da Constituição, nutrindo e nutrindo-se a cada dia pela via da implementação dos direitos fundamentais, atitude que preserva o caminho do bem e minimiza a possibilidade presente e constante do retorno à histórica entropia social. Há muito a fazer. Mas a via constitucional é, sem dúvida, a grande opção para o Brasil. Por isso, Barroso e Barcellos afirmam:

> E a efetividade da Constituição, rito de passagem para o início da maturidade institucional brasileira, tornou-se uma idéia vitoriosa e incontestada. As normas constitucionais conquistaram o *status* pleno de normas *jurídicas*, dotadas de imperatividade, aptas a tutelar direta e imediatamente todas as situações que contemplam. Mais do que isso, a Constituição passa a ser a lente através da qual se lêem e se interpretam todas as normas infraconstitucionais. A Lei Fundamental e seus princípios deram novo sentido e alcance ao direito civil, ao direito processual, ao direito penal, enfim, a todos os demais ramos jurídicos. A efetividade da Constituição é a base sobre a qual se desenvolve, no Brasil, a nova interpretação constitucional.[50]

Esse sentimento está em plena fase de universalização e estratificação no Brasil. Por isso, é natural o apego dos operadores do direito aos institutos advindos da Constituição, de modo a irradiar seus domínios sobre todas as instituições. Assim ocorre, por exemplo, com a

---

[48] BARROSO; BARCELLOS, op. cit., p. 329.

[49] Cf. AZAMBUJA, Darcy. *Teoria Geral do Estado*. 26. ed. Rio de Janeiro: Globo, p. 19: "Povo é a população do Estado, considerada sob o aspecto puramente jurídico, é o grupo humano encarado na sua integração numa ordem estatal determinada, é o conjunto de indivíduos sujeitos às mesmas leis, são os *súditos*, os *cidadãos* de um mesmo Estado".

[50] BARROSO; BARCELLOS, op. cit., p. 329.

defesa dos direitos fundamentais[51] que vinculam[52] todos os Poderes. Isso também ocorre com o princípio da dignidade da pessoa, quando de sua larga utilização nas atividades estatais, enquanto princípio fundamental otimizador de outros princípios e regras. E, como segue referindo Juarez Freitas, "[...] urge que tenhamos a convicção [...] de que a igualdade em dignidade e direitos segue, mais do que nunca, como algo a ser edificado [...]".[53]

A dignidade da pessoa humana, os direitos fundamentais e as demais disposições constitucionais devem ser conjugados no gerúndio, como um particípio futuro passivo. Futuro porque estão em pleno período de materialização, contando com florescida e constante utilização, principalmente junto ao Poder Judiciário, no qual mais são invocados para sustentar posições jurídicas mais urgentes. Passivo, porque se diluem entre todos os homens, sem que nenhum deles possa avocar sua titularidade de forma absolutamente unilateral, pois sua legitimidade, tratando-se de valores e conteúdos universais, somente reside na coletividade.

O Estado de Direito, enquanto princípio, constitui a República Federativa do Brasil, e um dos fundamentos desta é a dignidade da pessoa humana. E todos eles integram-se ao sistema por intermédio do texto constitucional. Não se ignora, todavia, o fato de ter trazido consigo más reminiscências, mas seria de todo sórdido exigir que a Constituição nascesse com certa pureza inconteste, como se isso fosse possível e como se os homens vivessem um momento de plena bondade em sua elaboração. Não. A Constituição se fez presente em meio ao turbilhão social e à crise institucional brasileira, reservando, assim, conteúdos, temas e disposições bastante equivocadas, "[...] lesões congênitas [...]",[54] como afirma Paulo Bonavides e Paes de Andrade.

[51] Cf. FREITAS, Juarez. [Prefácio (1ª edição)]. In: SARLET, op. cit., p. 19: "A contínua marcha pelo reconhecimento dos direitos fundamentais é a mesma incessante caminhada no rumo da consolidação dos chamados Estados Democráticos. Neste prisma, os direitos humanos, à proporção em que se fazem reconhecidos, objetiva e positivamente, passam a robustecer o cimento indispensável do próprio Estado, o qual somente experimenta real sentido e autêntica legitimidade quando apto a viabilizar, mormente em situações-limite, a concretização ampliada da dignidade da pessoa. Com efeito, existe imbricação intensa entre o princípio da legitimidade e o resguardo jurídico da pessoa em sua essência, porque, está claro, os princípios fundamentais constituem-se mutuamente e jamais devem se eliminar. É dizer, a preocupação objetiva com a eficácia dos direitos fundamentais identifica-se com aquela de querer, verdadeiramente, respeitado o nosso Estatuto Fundamental, interpretando-o e, em simultânea medida, concretizando-o adequadamente".

[52] Ibid., p. 21.

[53] Loc. cit.

[54] BONAVIDES, Paulo; ANDRADE, Paes de. *História Constitucional do Brasil*. Rio de Janeiro: Paz e Terra, 1991, p. 485.

O que não retira sua força, senão apenas serve como argumento a sua mal-intencionada fragilização.

Por isso, "[...] somente granjeará permanência e estabilidade quando legitimar-se por inteiro [...]".[55] Neste caminho, deixa de ser princípio formal para ser material, ocasião em que atingirá sua legitimidade. Com isso, é possível se entender a forte e acertada afirmação de Bonavides e Andrade, de que se ela for eficaz, a Nação estará salva:

> A Carta de 1988 vale por este aspecto: é um salvo-conduto para o País sair do arbítrio e caminhar rumo à legitimidade do futuro. Se ela for eficaz, a Nação estará salva. Em 5 de outubro de 1988, perempto o regime do decreto-lei, o Brasil promulgou no Planalto a maioridade da democracia representativa.

Passados 30 anos de sua publicação, deixa transparecer que somente com esta luta constante da comunidade científica e com a participação de todos os atores sociais é que se manterá viva e eficaz. Para o Direito, discutir seus institutos significa integrar-se ao contexto evolutivo que defende. Dignidade da pessoa humana, vedação de tributo confiscatório e políticas públicas tributárias integram, necessariamente, este debate.

1.4. Dimensões da dignidade da pessoa humana

Revelar a possibilidade e a necessidade da utilização do princípio da dignidade da pessoa humana naquela relação com o princípio do não confisco tributário é uma tarefa que não depende apenas da contextualização do tema constitucional. De maneira indispensável é preciso que se revele todo seu conteúdo, examinando-se suas diversas perspectivas. É preciso um entendimento mais aprofundado sobre este princípio.

De imediato, cumpre afirmar o desinteresse sobre a natureza ou a origem da dignidade da pessoa humana, por exemplo, a partir dos denominados direitos naturais. Um momento histórico importante revela que, no movimento renascentista dos séculos XVI e XVII, iniciada a experimentação e florescida a filosofia positivista pela corrente do Iluminismo,[56] a doutrina jusnaturalista atingira pleno desenvolvimento, quando na defesa de direitos naturais aos indivíduos tinha-os como expressão da liberdade e também da dignidade da pessoa humana.

---

[55] BONAVIDES; ANDRADE, p. 487.

[56] Tema enfrentado na nota nº 14.

Sobre isso, assevera Sarlet:

> A partir do século XVI, mas principalmente nos séculos XVII e XVIII, a doutrina jusnaturalista, de modo especial por meio das teorias contratualistas, chega ao seu ponto culminante de desenvolvimento. Paralelamente, ocorre um processo de laicização do direito natural, que atinge seu apogeu no iluminismo, de inspiração jusracionalista. Cumpre referir, neste contexto, os teólogos espanhóis do século XVI (Vitoria y las Casas, Vásquez de Menchaca, Francisco Suárez e Gabriel Vázquez), que pugnaram pelo reconhecimento de direitos naturais aos indivíduos, deduzidos do direito natural e tidos como expressão da liberdade e dignidade da pessoa humana, além de servirem de inspiração ao humanismo racionalista de H. Grócio, que divulgou seu apelo à razão como fundamento último do Direito e, neste contexto, afirmou a sua validade universal, visto que comum a todos os seres humanos, independentemente de suas crenças religiosas.[57]

Entre os anos de 388 e 395, Santo Agostinho escreveu *O Livre-Arbítrio*,[58] obra em forma de diálogo com Evódio, seu amigo e conterrâneo, em que, ao estudar a natureza, origem e causa do pecado, acaba prestando uma das mais significativas contribuições sobre a natureza humana. Não se trata aqui de aportar um estudo religioso, mas retirar ensinamentos originais importantes para o entendimento do princípio da dignidade da pessoa humana.

Quando Agostinho revela que a essência do pecado se encontra na submissão da razão às paixões (quando do abuso da vontade livre), afirma o seguinte "[...] uma coisa é viver, e outra coisa é saber que se vive [...]".[59] Tome-se por ponto de partida que aqui parece separar os homens dos demais seres, quando da autoconsciência existencial. Saber que se vive significaria um exercício mental próprio da razão (inteligência). A razão, então, pode identificar o homem como tal, outorgando-lhe atributos. No caso de Agostinho, citado como exemplo, o atributo que revela a razão (sinônimo de inteligência para ele) é o saber que se vive. E, para ele, o ser, o viver e o entender seriam as três realidades ou as primeiras intuições do espírito humano:

> *Ev.* Por serem três as realidades: o ser, o viver e o entender. É verdade que a pedra existe e o animal vive. Contudo, ao que me parece, a pedra não vive. Nem o animal entende. Entretanto, estou certíssimo de que o ser que entende possui também a existência e a vida. É porque não hesito em dizer: o ser que possui essas três realidades é melhor do que aquele que não possui senão uma ou duas delas. Porque, com efeito, o ser vivo por certo também existe, mas não se segue daí que entenda. Tal é, como penso, a vida dos animais. Por outro lado, o que existe não possui necessariamente a vida e a inteligência. Posso afirmar, por exemplo, que um cadáver existe. Ninguém,

[57] SARLET, op. cit., p. 45.

[58] SANTO AGOSTINHO. *O Livre-arbítrio*. Tradução, organização, introdução e notas de Nair de Assis Oliveira. Revisão de Honório Dalbosco. São Paulo: Paulus, 1995, p. 12.

[59] Ibid., p. 43.

porém, dirá que vive. Ora, o que não vive, muito menos entende. *Ag.* Então, admitimos que dessas três perfeições faltam duas ao cadáver; uma ao animal; e nenhuma ao homem. *Ev.* É verdade. *Ag.* E admitimos, igualmente, que a melhor das três é a que só o homem possui, juntamente com as duas outras, isto é, a inteligência, que supõe nele o existir e o viver. *Ev.* Com efeito, nós admitimos isso sem dúvida alguma.[60]

Com efeito, a doutrina agostiniana prima pela certeza. Quando faz isso, revelando as três intuições do espírito através do "entender" (a inteligência, a razão), outorga aos seres humanos atributos. E daí em diante. Mas muitos atributos do homem remanescem discutíveis,[61] como se encontra em Kant[62] quando examina o mal radical na natureza humana. Mas, o que importa é afirmar que a dignidade da pessoa é um atributo humano, e que este atributo sofre variações relacionadas às idiossincrasias de cada povo da Terra e em cada contexto histórico de vida.

Assim, o princípio da dignidade da pessoa humana se afeiçoa a um atributo dotado de certa carga valorativa, próprio de cada ser humano (uma qualidade sua), diluindo-se sobre determinada comunidade. É um atributo. É um valor. É uma qualidade. Antecede, pois, à própria proteção jurídica do Estado. E com o passar do tempo torna-se um bem jurídico de cada Estado. Aliás, um valor jurídico fundamental, como aconteceu no continente europeu no segundo pós-guerra, como relevantemente afirma Francisco Fernández Segado:

> Uno de los rasgos sobresalientes del constitucionalismo de la segunda posguerra es la elevación de la dignidad de la persona a la categoría de núcleo axiológico constitucional, y por lo mismo, a valor jurídico supremo del conjunto ordinamental, y ello con caráter prácticamente generalizado y en ámbitos socio-culturales bien díspares, como muestran los ejemplos que más adelante ofrecemos. Esta circunstancia tiene una explicación fácilmente comprensible. Los horrores de la Segunda Guerra Mundial impactarían de tal forma sobre el conjunto de la humanidad, que por doquier se iba a generalizar un sentimiento de rechazo, primero, y de radical rectificación después, que había de conducir en una dirección que entendemos sintetiza con meridiana claridad el párrato 1 del Preámbulo de la Declaración Universal de Derechos Humanos del 10 de diciembre de 1948, em que puede leerse lo que sigue: "Considerando que la libertad, la justicia y la paz en el mundo tienen por base el reconocimiento de la dignidad

---

[60] SANTO AGOSTINHO, op. cit., p. 81.

[61] Kant, após afirmar que o homem é mau por natureza, e que nada se deve esperar desta natureza sua, mas o poder supremo da lei e do respeito que lhe é devido, refere que o livre-arbítrio (liberatório dos desejos) necessita de constrangimento moral, o que denomina de resistência da razão prática, a coerção. Assim como a dignidade da pessoa humana é um atributo, antes dela a própria razão também é. E, reconhecidamente, o dilema humano kantiano da luta entre o bem e o mal, representava a mesma discussão, quase eterna, que também cerca a dignidade.

[62] Cf. KANT, Immanuel. *Religião nos limites da simples razão*. Lisboa: Edições 70, 1992.

intrínseca y de los derechos iguales e inalienables de todos los miembros de la familia humana".[63]

Como núcleo axiológico constitucional e valor jurídico supremo, o princípio legitimou-se de certa forma naquele contexto pós-guerra. Veja-se aí aquele acontecimento da lógica agostiniana, na identificação de um atributo que se revela – utilizando-se as palavras de Segado – de todos os membros da família humana.

E Segado é claro ao identificar conteúdo axiológico moral e jurídico para o princípio, sendo anterior ao próprio Estado que, por seu turno, está a serviço da pessoa. Então, é o princípio que dá sentido ao sistema. Para o autor, dignidade da pessoa humana, "[...] *en cuanto calidad ínsita a todo ser humano y exclusiva del mismo* [...]"[64] é norma diretriz com função hermenêutica e que se concretiza num conteúdo mínimo de direitos, sendo sua própria fonte, traduzida na "[...] *en la capacidad de decidir libre y racionalmente cualquier modelo de conducta, con la consecuente exigencia de respeto por parte de los demás* [...]".[65]

Porém, o que parece representar um problema, sem jamais desrespeitar críticas e opiniões diversas às posições aqui defendidas, vem a ser o dimensionamento do princípio, no sentido de se definir esta capacidade de decisão livre e racional sobre a conduta de cada indivíduo. Este é um debate inesgotável e que rende renovadas posições jurídicas, dentro e fora dos tribunais que influenciam direta e indiretamente o sistema jurídico, por exemplo, quanto à aplicação dos próprios direitos fundamentais.

Atualmente, os estudos sobre o princípio da dignidade da pessoa humana remetem os operadores do Direito a imbricadas concatenações de argumentos, permitindo profundas discussões sobe a aplicação de direitos numa compreensão jurídico-constitucional necessária e possível,[66] como capitularmente define Ingo Wolfgang Sarlet. Antecipando o objetivo de concretização da "utopia" da universalização da dignidade e dos direitos fundamentais da pessoa humana em

---

[63] SEGADO, Francisco Fernández. Constitución y Valores, la Dignidad de la Persona Como Valor Supremo del Ordenamiento Jurídico. In: SCHÄFER, Jairo. *Temas Polêmicos do Constitucionalismo Contemporâneo*. Florianópolis: Conceito Editorial, 2007, p. 86.

[64] Ibid., p. 105.

[65] Loc. cit.

[66] SARLET, Ingo Wolfgang. As dimensões da dignidade da pessoa humana: construindo uma compreensão jurídico-constitucional necessária e possível. In: SARLET, Ingo Wolfgang (org.). *Dimensões da Dignidade, Ensaios de Filosofia do Direito e Direito Constitucional*. Porto Alegre: Livraria do Advogado, 2005, p. 13-43.

todo o planeta,[67] Sarlet revela que a condição humana possui visões parciais, sectárias e excludentes, e que os direitos do homem estão na mesma situação. Salvaguardando as diferentes inerentes a um ambiente social, político e cultural complexo e heterogêneo,[68] por se tratarem de estudos de direito comparado, o autor propõe "[...] contribuir tanto para o aprofundamento da discussão qualificada em torno da dignidade da pessoa humana, como para uma efetiva vivência da dignidade [...]".[69] Ora, estas parecem circunstâncias que, mesmo de forma indireta, integram o presente trabalho, pois além de tentar ingressar numa discussão qualificada sobre o princípio, propõe sua vivência quando do diálogo com o princípio do não confisco tributário.

Dimensões da dignidade quer dizer, agora, principalmente, jurídica e filosófica. E, conforme afirma Sarlet, o debate entre Direito e Filosofia é a melhor técnica para compreensão destas dimensões, do conteúdo e significado desta dignidade. Embora afirme que a Filosofia se posiciona, por vezes, como blindada ao Direito, ainda que este defina e decida qual dignidade será objeto de tutela pelo Estado:

> De outra parte, tendo em mente que o objetivo do presente estudo é o de pautar e discutir alguns aspectos ligados à compreensão do conteúdo e significado, ou melhor, dos conteúdos e significados e, portanto, daquilo que se possa designar de dimensões da dignidade da pessoa humana, com o enfoque voltado para a ordem jurídica, notadamente, pelo prisma da ordem jurídico-constitucional, é certo que um olhar – ainda que limitado – sobre algumas das contribuições oriundas do pensamento filosófico, também aqui se revela indispensável. Com efeito, se por vezes a filosofia posiciona-se, de modo equivocado, como blindada ao Direito (embora seja o Direito, e não a Filosofia que acaba por definir – e decidir – qual a dignidade que será objeto de tutela do Estado e, além disso, qual a proteção que este pode assegurar àquela), este não deve e nem pode – ou, pelo menos, não deveria – trilhar o mesmo caminho. Tal já se justifica, entre outros fatores, pelo fato de que o reconhecimento e proteção da dignidade da pessoa pelo Direito resulta justamente de toda uma evolução do pensamento humano a respeito do que significa este ser humano e de que é a compreensão do que é ser pessoa e de quais os valores que lhe são inerentes que acaba por influenciar ou mesmo determinar o modo pelo qual o Direito reconhece e protege esta dignidade.[70]

Assim, o autor procura o sentido jurídico para o princípio da dignidade da pessoa humana, o que direciona a sua legítima e eficaz

---

67 SARLET, op. cit., 2005, p. 7. Momento em que descreve que o direito comparado constitui autêntico e imprescindível método de interpretação, como defende Peter Häberle, um dos autores da obra referida acima.

68 Ibid., p. 8.

69 Ibid., p. 12.

70 Ibid., p. 14.

proteção, mediante critérios materiais[71] que deverão ser fixados conforme a soma de valores que transbordam o próprio Direito.

Tratando da dificuldade de uma compreensão jurídico-constitucional a respeito da dignidade da pessoa humana, Sarlet alega que o conceito é vago e impreciso, caracterizado por ambiguidade e porosidade, possuindo, pois, natureza polissêmica,[72] conforme a doutrina jurídica assim tem entendido. Não se trata ela de aspectos da existência humana, mas sim de uma qualidade intrínseca do ser humano, que o identifica como tal, situação conceitual que chega a não contribuir para a compreensão de seu âmbito de proteção, embora seja ela algo real.[73]

O autor propõe "[...] uma compreensão suficientemente abrangente e operacional do conceito também para a ordem jurídica, ressaltando-se que tais dimensões, por sua vez, não se revelam como necessariamente incompatíveis e reciprocamente excludentes [...]".[74] Ocasião em que assume um conceito pela dimensão ontológico da dignidade, como "[...] uma qualidade intrínseca da pessoa humana [...]".[75]

Com isso, parece retomar aquela explicação antes feita, quanto à ideia de que essa qualidade, que é a dignidade, decorria do atributo da razão humana. Apresenta, então, a dimensão ontológica, a comunicativa e relacional (comunitária ou social), e a histórico-cultural, avançando depois para a dupla dimensão negativa e prestacional, para, finalmente, discutir uma conceituação analítica (necessariamente aberta e complexa).

1.4.1. A dimensão ontológica

A dimensão ontológica da dignidade da pessoa humana reside na capacidade potencial de cada um, em autodeterminar sua conduta:

> Assim, à luz do que dispõe a Declaração Universal da ONU, bem como considerando os entendimentos colacionados em caráter exemplificativo, verifica-se que o elemento nuclear da noção de dignidade da pessoa humana parece continuar sendo reconduzido – e a doutrina majoritária conforta esta conclusão – primordialmente à matriz kantiana, centrando-se, portanto, na autonomia e no direito de autodeterminação da pessoa (de cada pessoa). Importa, contudo, ter presente a circunstância de que esta

71 SARLET, op. cit., 2005, p. 15.

72 Ibid., p. 16.

73 Ibid., p. 17.

74 Ibid., p. 18.

75 Loc. cit.

liberdade (autonomia) é considerada em abstrato, como sendo a capacidade potencial que cada ser humano tem de autodeterminar sua conduta [...].[76]

A dimensão ontológica cuida deste atributo intrínseco da pessoa humana, nos limites de uma capacidade potencial afeta a cada um em razão de sua natureza (matriz kantiana). Por isso, Sarlet afirma:

> [...] que a dignidade, como qualidade intrínseca da pessoa humana, é irrenunciável e inalienável, constituindo elemento que qualifica o ser humano como tal e dele não pode ser destacado, de tal sorte que não se pode cogitar na possibilidade de determinada pessoa ser titular de uma pretensão a que lhe seja concedida a dignidade. Esta, portanto, compreendida como qualidade integrante e, em princípio, irrenunciável da própria condição humana, pode (e deve) ser reconhecida, respeitada, promovida e protegida, não podendo, contudo (no sentido ora empregado) ser criada, concedida ou retirada (embora possa ser violada), já que existe – ou é reconhecida como tal em cada ser humano como algo que lhe é inerente.[77]

No que concerne aos objetivos do terceiro capítulo deste trabalho, que pretende estabelecer um diálogo entre princípios, que, aliás, fará referência a uma relação ambivalente entre ambos, é de se afirmar que a dimensão ontológica não interessa diretamente à dissertação, pois não se cogita do afastamento da condição humana de uso da razão e do livre-arbítrio, senão apenas da mitigação de suas possibilidades, o que não é discutível em sede qualificadamente ontológica.

Neste seguimento, a dimensão ontológica serve para informar ao Direito a existência do princípio da dignidade da pessoa humana (atributo com valor absoluto[78]), antes mesmo de sua positivação, ressalvadas as discussões na seara do direito natural, aqui também afastada.

A proposta passa pela questão da eventual relativização da dignidade, na sua condição jurídico-normativa,[79] ou seja, no plano fático-jurídico tendo em conta que a dignidade da pessoa humana também é atributo moral. Não é atributo físico. Possui efeitos físicos, apenas.

1.4.2. A dimensão comunicativa e relacional (comunitária e social)

A dimensão ontológica, inadmitida por Sarlet como puro reducionismo à dimensão biológica,[80] ou seja, significação do ser humano

[76] SARLET, op. cit., 2005, p. 21.

[77] Ibid., p. 18-19.

[78] Ibid., p. 20.

[79] Ibid., p. 19.

[80] Ibid., p. 22.

enquanto espécie apenas, naturalmente ganha espaço quando acrescidos os elementos intersubjetividade e pluralismo. Na intersubjetividade, há que se considerar as relações subjetivas de homem para homem e, consequentemente, como o pluralismo, as próprias relações sociais (pluralidade).

A dimensão comunicativa e relacional ou comunitária e social, parte "[...] da situação básica do ser humano em sua relação com os demais (do ser com os outros) [...]",[81] gerando "[...] uma visão de caráter mais 'instrumental', traduzida pela noção de uma igual dignidade de todas as pessoas [...]".[82] Assim escreve Sarlet:

> Mesmo sendo possível – na linha dos desenvolvimentos precedentes – sustentar que a dignidade da pessoa se encontra, de algum modo, ligada (também) à condição humana de cada indivíduo, não há como desconsiderar a necessária dimensão comunitária (ou social) desta mesma dignidade de cada pessoa e de todas as pessoas, justamente por serem todos reconhecidos como iguais em dignidade e direitos (na iluminada fórmula da Declaração Universal de 1948) e pela circunstância de nesta condição conviverem em determinada comunidade. Aliás, consoante já anunciado, a própria dimensão ontológica (embora não necessariamente biológica) da dignidade assume seu pleno significado em função no contexto da intersubjetividade que marca todas as relações humanas e, portanto, também o reconhecimento dos valores (assim como princípios e direitos fundamentais) socialmente consagrados pela e para a comunidade de pessoas humanas.[83]

Permitida a simplificação, a dimensão comunitária ou social significa a contextualização (complementação[84]) social da própria dimensão ontológica. É sua representação na relação dos indivíduos entre si, uma "[...] noção da dignidade como produto do reconhecimento da essencial unicidade de cada pessoa humana e do fato de esta ser credora de um dever de igual respeito e proteção no âmbito da comunidade humana [...]".[85]

1.4.3. A dimensão histórico-cultural

A terceira qualificação examina a dignidade da pessoa humana sob o ponto de vista histórico-cultural, significando afirmar que se constrói substancialmente num determinado contexto histórico e cultural de cada nação.

Sarlet aduz o seguinte:

---

[81] SARLET, op. cit., 2005, p. 23.

[82] Loc. cit.

[83] Ibid., p. 22-23.

[84] Ibid., p. 26.

[85] Loc. cit.

> [...] a dignidade da pessoa humana, por tratar-se, à evidência – e nisto não diverge de outros valores e princípios jurídicos – de categoria axiológica aberta, não poderá ser conceituada de maneira fixista, ainda mais quando se verifica que uma definição desta natureza não harmoniza com o pluralismo e a diversidade de valores que se manifestam nas sociedades democráticas contemporâneas, razão pela qual correto afirmar-se que (também aqui) – como bem lembra Cármen Lúcia Antunes Rocha, nos deparamos com um conceito em permanente processo de construção e desenvolvimento. Assim, há que se reconhecer que também o conteúdo da noção de dignidade da pessoa humana, na sua condição de conceito jurídico-normativo, a exemplo de tantos outros conceitos de contornos vagos e abertos, reclama uma constante concretização e delimitação pela práxis constitucional, tarefa cometida a todos os órgãos estatais. Já por esta razão, há quem aponte para o fato de que a dignidade da pessoa não deve ser considerada exclusivamente como algo inerente à natureza humana (no sentido de uma qualidade inata pura e simplesmente), isto na medida em que a dignidade possui também um sentido cultural, sendo fruto do trabalho de diversas gerações e da humanidade em seu todo, razão pela qual as dimensões natural e cultural da dignidade da pessoa se complementam e interagem mutuamente, guardando, além disso, relação direta com o que se poderá designar de dimensão prestacional (ou positiva) da dignidade.[86]

Um dos temas mais candentes que permeiam Direito e Filosofia é aquele que remete os estudos à teoria dos valores. A Constituição, enquanto lei fundamental de um país, possui vinculação com o conteúdo axiológico escolhido para elegê-la, pois ela representa as aspirações de seu povo. Daí a relevância de conter em seu texto valores e princípios jurídicos de categoria axiológica aberta, o que decorre do pluralismo e diversidade de valores que se manifestam na sociedade. Então, nas palavras de Sarlet, é correto afirmar que, enquanto conceito jurídico-normativo,[87] o conteúdo da noção de dignidade é de contornos vagos e imprecisos, reclamando constante concretização e delimitação ao longo do período histórico e cultural de cada povo. É de se aceitar, pois, que possua um sentido cultural,[88] que se constrói ao longo do tempo especialmente na dimensão prestacional (positiva), já que nunca abandonará aquele conteúdo mínimo representado pela dimensão ontológica, denominada por Häberle de "constante antropológica", como aduz Sarlet, em nota.

Esta situação de desenvolvimento do princípio, de um conceito/conteúdo mínimo para uma significação mais aberta e direcionada à realidade social, exige determinação constante. Afirma Sarlet, haurido em Ernst Benda, "[...] para que a noção de dignidade não se

[86] SARLET, op. cit., 2005, p. 26-27.

[87] O tema remete ao exame dos chamados "conceitos jurídicos indeterminados", adiante examinados.

[88] SARLET, op. cit., 2005, p. 27.

desvaneça como mero apelo ético, impõe-se que seu conteúdo seja determinado no contexto da situação concreta da conduta estatal e do comportamento de cada pessoa humana [...]".[89] Por este reconhecimento de um sentido cultural, que exige uma efetiva conduta estatal, a dignidade da pessoa humana se arvora como dimensão negativa (defensiva) e positiva (prestacional),[90] tema melhor examinado no próximo tópico.

1.4.4. A dimensão defensiva e positiva

Não se pode negar, agora, uma evidente evolução conceitual para o princípio em comento, na medida em que se reconhece a ele uma dimensão dúplice. Dignidade da pessoa humana tanto expressa capacidade de autodeterminação da pessoa, quanto exige proteção (assistência) por parte do Estado e da comunidade:[91]

> A partir do exposto, sustenta-se que a dignidade possui uma dimensão dúplice, que se manifesta enquanto simultaneamente expressão da autonomia da pessoa humana (vinculada à idéia de autodeterminação no que diz com as decisões essenciais a respeito da própria existência), bem como da necessidade de sua proteção (assistência) por parte da comunidade e do Estado, especialmente quando fragilizada ou até mesmo – e principalmente – quando ausente a capacidade de autodeterminação.[92]

Dignidade, enquanto autodeterminação, simplifica-se na ideia de liberdade. Enquanto assistência, reclama certa proteção estatal e comunitária.

Na construção de Sarlet, esta conclusão acaba evoluindo para a dupla dimensão defensiva e prestacional, embora utilize palavras sinônimas. Afirmando que dignidade como limite, ou seja, como dimensão defensiva, está representada na não coisificação da pessoa (mero homem-objeto), gerando, também, direitos fundamentais negativos contra atos que a violem ou a exponham a graves ameaças. Já como tarefa, ou seja, como dimensão prestacional (positiva) implica deveres concretos de tutela do Estado (por seus órgãos), por meio de medidas positivas de respeito e promoção. Eis as palavras do autor:

> [...] a dignidade da pessoa humana é simultaneamente limite e tarefa dos poderes estatais e, no nosso sentir, da comunidade em geral, de todos e de cada um, condição dúplice esta que também aponta para uma paralela e conexa dimensão defensiva e

[89] SARLET, op. cit., 2005, p. 28.

[90] Ibid., p. 29-30.

[91] Ao longo do texto, Sarlet demonstra que "comunidade" quer expressar, tão-somente, o conjunto de pessoas, ou seja, fixando a relação intersubjetiva para o princípio. Não se refere à comunidade internacional ou qualquer tipo de relação entre países ou mesmo ao Direito Comunitário.

[92] SARLET, op. cit., 2005, p. 30.

prestacional da dignidade. Como limite a dignidade implica não apenas que a pessoa não pode ser reduzida à condição de mero objeto da ação própria e de terceiros, mas também o fato de a dignidade gera direitos fundamentais (negativos) contra atos que a violem ou a exponham a graves ameaças. Como tarefa, da previsão constitucional (explícita ou implícita) da dignidade da pessoa humana, dela decorrem deveres concretos de tutela por parte dos órgãos estatais, no sentido de proteger a dignidade de todos, assegurando-lhe também por meio de medidas positivas (prestações) o devido respeito e promoção.[93]

E para o que aqui interessa, como prestação imposta ao Estado, a dignidade reclama que este guie suas ações, não apenas preservando-a, mas promovendo-a através de condições que possibilitem seu pleno exercício e fruição. Veja-se o que diz o autor, a partir do pensador alemão Adalbert Podlech:[94]

> Como tarefa (tarefa) imposta ao Estado, a dignidade da pessoa reclama que este guie as suas ações tanto no sentido de preservar a dignidade existente, quando objetivando a promoção da dignidade, especialmente criando condições que possibilitem o pleno exercício e fruição da dignidade, sendo portanto dependente (a dignidade) da ordem comunitária, já que é de se perquirir até que ponto é possível ao indivíduo realizar, ele próprio, parcial ou totalmente, suas necessidades existenciais básicas ou se necessita, para tanto, do concurso do Estado ou da comunidade [...].[95]

Afastando o ideário de uma definição precisa do seu âmbito de proteção, Sarlet concorda com a existência de definição, para que se alcance sentido e operacionalidade quando diante do caso concreto.[96] É o que chama de busca de uma definição necessariamente aberta, mas minimamente objetiva,[97] ou seja, que fixa o âmbito de proteção a partir das violações da dignidade no caso concreto.

Finalmente, quando apresenta a definição de dignidade da pessoa humana, Sarlet acaba afastando a fórmula do homem-objeto, ou seja, a própria negação da dignidade, e que vem escrita no art. 5º, III, da Constituição (que estabelece que ninguém será submetido à tortura e a tratamento desumano ou degradante), que fixa apenas aquele

---

93 SARLET, op. cit., 2005, p. 32.

94 Sarlet indica a obra de Podlech: *Anmerkungen zu Art. 1 Abs. I Grundgesetz, p. 280-281.*

95 SARLET, op. cit., 2005, p. 33.

96 Loc. cit.: "Com base no que até agora foi exposto, verifica-se que reduzir a uma possível fórmula abstrata e genérica tudo aquilo que constitui o conteúdo possível da dignidade da pessoa humana, em outras palavras, alcançar uma definição precisa do seu âmbito de proteção ou de incidência (em se considerando sua condição de norma jurídica), não parece ser possível, o que, por sua vez, não significa que não se possa e não se deva buscar uma definição, que, todavia, acabará alcançando pleno sentido e operacionalidade apenas em face do caso concreto, como, de resto, é o que ocorre de modo geral com os princípios e direitos fundamentais".

97 Loc. cit.

âmbito de proteção mencionado acima, avançando para a ideia de âmbito de proteção a partir de suas violações no caso concreto.[98]

Com isso, acrescenta um importante elemento que permite o exame da afetação ao princípio diante das idiossincrasias do caso, e sem jamais descurar das dimensões ontológica e histórico-cultural (dupla perspectiva). Como refere o próprio autor, além de abranger a vedação da coisificação (homem-objeto), a reunião da dupla perspectiva destaca, conjuntamente, as facetas intersubjetiva e relacional, "[...] quanto a sua dimensão simultaneamente negativa (defensiva) e positiva (prestacional)".[99] Eis sua conceituação final:

> Assim sendo, tem-se por dignidade da pessoa humana a qualidade intrínseca e distintiva reconhecida em cada ser humano que o faz merecedor do mesmo respeito e consideração por parte do Estado e da comunidade, implicando, neste sentido, um complexo de direitos e deveres fundamentais que assegurem a pessoa tanto contra todo e qualquer ato de cunho degradante e desumano, como venham a lhe garantir as condições existenciais mínimas para uma vida saudável, além de propiciar e promover sua participação ativa e co-responsável nos destinos da própria existência e da vida em comunhão com os demais seres humanos.[100]

Em suas referências, Sarlet esclarece que o critério aferidor de "vida saudável" é aquele estabelecido pela Organização Mundial da Saúde quando se refere a um completo bem-estar físico, mental e social,[101] alargando os horizontes conceituais do princípio da dignidade. Não se pode olvidar, também, que nesta complexidade conceitual dignidade é entendida como garantia do mínimo existencial.[102] Todavia, é de se sustentar a abalizada posição doutrinária que defende ser direito de *status negativus* e de *status positivus*, sendo que, neste caso, é garantido positivamente pelas prestações estatais.[103]

---

[98] SARLET, op. cit., 2005, p. 34.

[99] Ibid., p. 37.

[100] Ibid., p. 35.

[101] Loc. cit., nota 74.

[102] SIQUEIRA, Julio Pinheiro Faro Homem de. Os vinte anos da Constituição Brasileira: da reserva do possível à proibição de retrocesso social. In: *Uma homenagem aos 20 anos da Constituição Brasileira.* ——; TEIXEIRA, Bruno Costa; MIGUEL, Paula Castello (coords.). Florianópolis: Fundação Boiteux, 2008, (p. 157-171), p. 163: "Pela *teoria geral do mínimo existencial* [...], aos indivíduos são reconhecidos direitos minimamente essenciais representados pelas exigências mínimas, que devem ser satisfeitas pelo Estado, mediante prestações sociais que efetivem os direitos sociais".

[103] TORRES, Ricardo Lobo. *Tratado de Direito Constitucional Financeiro e Tributário: os direitos humanos e a tributação: imunidades e isonomia.* Vol. III. 3. ed. Rio de Janeiro: Renovar, 2005, p. 187: "O mínimo existencial é direito subjetivo protegido negativamente contra intervenção do Estado e, ao mesmo tempo, garantido positivamente pelas prestações estatais. Diz-se, pois, que é direito de *status negativus* e de *status positivus*, sendo certo que não raro se convertem uma na outra ou se coimplicam mutuamente a proteção constitucional positiva e negativa".

Com isso, permite entender não se tratar de uma definição que apenas impede no âmbito meramente conceitual e, apenas isto, a coisificação do homem, para, direcionando-o aos casos concretos, revelar sua abertura (defensiva e prestacional) contra desrespeitos a institutos como: vida, integridade física e moral, manutenção de uma existência digna, limitação do poder (de tributar, por exemplo) e reconhecimento dos direitos fundamentais, liberdade, autonomia e igualdade da pessoa humana.[104]

Eis, então, no bojo da dimensão prestacional, a limitação do poder estatal e o dever de proteção da integridade (também moral) das pessoas, superando-se as primitivas conclusões que utilizavam o princípio da dignidade da pessoa humana somente no sentido defensivo, para erigi-la à proteção positiva a ser executada pelo Estado. E aqui se pretende dar relevo às obrigações estatais de limitação de seu poder e manutenção da integridade moral das pessoas humanas, mediante adequadas políticas públicas e acertado modelo de gestão administrativa.

1.5. A dignidade da pessoa humana na função jurisdicional

Nesse seguimento, importante que se traga o posicionamento dos tribunais pátrios sobre o princípio da dignidade humana, já que influencia diretamente na exegese de todo o ordenamento jurídico.

Consoante ao tema, o Supremo Tribunal Federal (STF) vem a tratar o princípio como um postulado geral que orienta diversos dispositivos constitucionais e infraconstitucionais, como um vetor interpretativo,[105] em função de sua centralidade.

---

[104] SARLET, op. cit., 2005, p. 34-35: "O que se percebe em última análise, é que onde não houver respeito pela vida e pela integridade física e moral do ser humano, onde as condições mínimas para uma existência digna não forem asseguradas, onde não houver limitação do poder, enfim, onde a liberdade e a autonomia, a igualdade (em direitos e dignidade) e os direitos fundamentais não forem reconhecidos e minimamente assegurados, nao haverá espaço para a dignidade da pessoa humana e esta (a pessoa), por sua vez, poderá não passar de mero objeto de arbítrio e injustiças".

[105] "*HABEAS CORPUS* – ADITAMENTO DA DENÚNCIA – ALEGADO CERCEAMENTO DE DEFESA – PRETENDIDA OBSERVÂNCIA DO ART. 384, PARÁGRAFO ÚNICO, DO CPP – INAPLICABILIDADE – ADITAMENTO QUE SE LIMITA A FORMALIZAR NOVA CLASSIFICAÇÃO JURÍDICA DOS FATOS QUE FORAM DESCRITOS, COM CLAREZA, NA DENÚNCIA – HIPÓTESE DE SIMPLES *EMENDATIO LIBELLI* – POSSIBILIDADE – APLICABILIDADE DO ART. 383 DO CPP – PRISÃO PROCESSUAL – EXCESSO DE PRAZO EM SUA DURAÇÃO – PACIENTES PRESOS, CAUTELARMENTE, HÁ MAIS DE 4 (QUATRO) ANOS – INADMISSIBILIDADE – DESRESPEITO AO POSTULADO CONSTITUCIONAL DA DIGNIDADE DA PESSOA HUMANA (CF, ART. 1°, III) – [...] **A duração prolongada, abusiva e irrazoável da prisão cautelar de alguém ofende, de modo frontal, o postulado da dignidade da pessoa**

No apego a uma visão (tida como) humanista de justiça restou consagrada, como de praxe nos postulados democráticos, uma ordem valorativa de direitos humanos como óbice à barbárie. Embora se trate de julgamento de crimes atrozes contra a dignidade humana, mesmo assim tem o Estado o dever de assegurar o devido processo legal, o julgamento justo e a punição adequada aos agentes autores dos delitos, impedindo um precedente de punição desumana, contrária à dignidade do condenado. É, pois, a presença do princípio na associação às normas procedimentais.

Veja-se que, noutro julgado,[106] não obstante o adequado tratamento jurídico dado ao estrangeiro no território brasileiro (aqui no tema da extradição), o que representa a tutela de seus direitos e obrigações, ainda assim, a despeito dessa proteção, o Supremo Tribunal Federal tem optado por reconhecer-lhe expressamente em seus

---

humana, que representa – considerada a centralidade desse princípio essencial (CF, art. 1°, III) – significativo vetor interpretativo, verdadeiro valor-fonte que conforma e inspira todo o ordenamento constitucional vigente em nosso País e que traduz, de modo expressivo, um dos fundamentos em que se assenta, entre nós, a ordem republicana e democrática consagrada pelo sistema de direito constitucional positivo (RTJ 195/212-213). Constituição Federal (Art. 5°, incisos LIV e LXXVIII) [...]". (grifou-se) BRASIL. Supremo Tribunal Federal. Disponível em: <http://www.stf.jus.br>. Acesso em: 01 dez. 2008.

106 "EXTRADIÇÃO – REPÚBLICA POPULAR DA CHINA – CRIME DE ESTELIONATO PUNÍVEL COM A PENA DE MORTE – TIPIFICAÇÃO PENAL PRECÁRIA E INSUFICIENTE QUE INVIABILIZA O EXAME DO REQUISITO CONCERNENTE À DUPLA INCRIMINAÇÃO – PEDIDO INDEFERIDO. PROCESSO EXTRADICIONAL E FUNÇÃO DE GARANTIA DO TIPO PENAL. – O ato de tipificação penal impõe ao Estado o dever de identificar, com clareza e precisão, os elementos definidores da conduta delituosa. As normas de incriminação que desatendem a essa exigência de objetividade – além de descumprirem a função de garantia que é inerente ao tipo penal – qualificam-se como expressão de um discurso normativo absolutamente incompatível com a essência mesma dos princípios que estruturam o sistema penal no contexto dos regimes democráticos. O reconhecimento da possibilidade de instituição de estruturas típicas flexíveis não confere ao Estado o poder de construir figuras penais com utilização, pelo legislador, de expressões ambíguas, vagas, imprecisas e indefinidas. É que o regime de indeterminação do tipo penal implica, em última análise, a própria subversão do postulado constitucional da reserva de lei, daí resultando, como efeito consequencial imediato, o gravíssimo comprometimento do sistema das liberdades públicas. A cláusula de tipificação penal, cujo conteúdo descritivo se revela precário e insuficiente, não permite que se observe o princípio da dupla incriminação, inviabilizando, em conseqüência, o acolhimento do pedido extradicional. EXTRADIÇÃO E RESPEITO AOS DIREITOS HUMANOS. [...] **O fato de o estrangeiro ostentar a condição jurídica de extraditando não basta para reduzi-lo a um estado de submissão incompatível com a essencial dignidade que lhe é inerente como pessoa humana e que lhe confere a titularidade de direitos fundamentais inalienáveis, dentre os quais avulta, por sua insuperável importância, a garantia do due process of law.** Em tema de direito extradicional, o Supremo Tribunal Federal não pode e nem deve revelar indiferença diante de transgressões ao regime das garantias processuais fundamentais. É que o Estado brasileiro – que deve obediência irrestrita à própria Constituição que lhe rege a vida institucional – assumiu, nos termos desse mesmo estatuto político, o gravíssimo dever de sempre conferir prevalência aos direitos humanos (art. 4°, II). EXTRADIÇÃO E *DUE PROCESS OF LAW*. O extraditando assume, no processo extradicional, a condição indisponível de sujeito de direitos, cuja intangibilidade há de ser preservada pelo Estado a quem foi dirigido o pedido de extradição. [...]". (grifou-se) BRASIL. Supremo Tribunal Federal. Disponível em: <http://www.stf.jus.br>. Acesso em: 01 dez. 2008.

julgados, uma condição humana universal, presente na dignidade. Com isso, o STF aproxima do estrangeiro toda a carga valorativa constante dos direitos fundamentais, tidos como inalienáveis.

Com efeito, no que diz respeito à titularidade de direitos e garantias fundamentais, uma vez consagradas na nossa Constituição, remanesce o entendimento de que há uma universalidade a partir dos mesmos. Assim sendo, fácil admitir que, pelo fato de o estrangeiro ostentar a condição jurídica de extraditando, não basta para reduzi-lo a um estado de submissão incompatível com a essencial dignidade que lhe é inerente como pessoa humana, não se admitindo enviá-lo ao Estado solicitante sabendo-se entregá-lo ao arrepio deste princípio.

Registre-se, porém, não se tratar aqui de dignidade humana, ou seja, termo representante de Direitos Humanos, próprios da ordem internacional, mas daquela dimensão mínima antes explicada, embora muitos autores usem-nos como sinônimos.

Quanto a esta perspectiva da dignidade da pessoa humana como direito inato, universal, absoluto e inalienável, como corroborado pelas cláusulas pétreas constitucionais, o Superior Tribunal de Justiça[107] (STJ) assume o mesmo raciocínio e forma de aplicação apregoada pelo STF.

[107] "AgRg no REsp. 1002335/RS. AGRAVO REGIMENTAL NO RECURSO ESPECIAL. 2007/0257351-2 PROCESSUAL CIVIL. AGRAVO REGIMENTAL. FORNECIMENTO DE MEDICAMENTOS. PELO ESTADO. DESCUMPRIMENTO DA DECISÃO JUDICIAL DE ANTECIPAÇÃO DE TUTELA. BLOQUEIO DE VERBAS PÚBLICAS. MEDIDA EXECUTIVA. POSSIBILIDADE, *IN CASU*. PEQUENO VALOR. ART. 461, § 5º, DO CPC. ROL EXEMPLIFICATIVO DE MEDIDAS. PROTEÇÃO CONSTITUCIONAL À SAÚDE, À VIDA E À **DIGNIDADE DA PESSOA HUMANA.** PRIMAZIA SOBRE PRINCÍPIOS DE DIREITO FINANCEIRO E ADMINISTRATIVO. NOVEL ENTENDIMENTO DA E. PRIMEIRA TURMA. 1. O art. 461, § 5º, do CPC, faz pressupor que o legislador, ao possibilitar ao juiz, de ofício ou a requerimento, determinar as medidas assecuratórias como a "imposição de multa por tempo de atraso, busca e apreensão, remoção de pessoas e coisas, desfazimento de obras e impedimento de atividade nociva, se necessário com requisição de força policial", não o fez de forma taxativa, mas sim exemplificativa, pelo que, *in casu*, o sequestro ou bloqueio da verba necessária ao fornecimento de medicamento, objeto da tutela deferida, providência excepcional adotada em face da urgência e imprescindibilidade da prestação dos mesmos, revela-se medida legítima, válida e razoável. 2. Recurso especial que encerra questão referente à possibilidade de o julgador determinar, em ação que tenha por objeto o fornecimento do medicamento RI-TUXIMAB (MABTHERA) na dose de 700 mg por dose, no total de 04 (quatro) doses, medidas executivas assecuratórias ao cumprimento de decisão judicial antecipatória dos efeitos da tutela proferida em desfavor da recorrente, que resultem no bloqueio ou seqüestro de verbas do ora recorrido, depositadas em conta corrente. 3. Deveras, é lícito ao julgador, à vista das circunstâncias do caso concreto, aferir o modo mais adequado para tornar efetiva a tutela, tendo em vista o fim da norma e a impossibilidade de previsão legal de todas as hipóteses fáticas. Máxime diante de situação fática, na qual a desídia do ente estatal, frente ao comando judicial emitido, pode resultar em grave lesão à saúde ou mesmo por em risco a vida do demandante. 4. **Os direitos fundamentais à vida e à saúde são direitos subjetivos inalienáveis, constitucionalmente consagrados, cujo primado, em um Estado Democrático de Direito como o nosso, que reserva especial proteção à dignidade da pessoa humana, há de superar quaisquer espécies de restrições legais**. Não obstante o fundamento constitucional, *in casu*, merece destaque a Lei Estadual nº 9.908/93, do Estado do Rio Grande do Sul, que assim dispõe em seu art. 1º: "Art. 1º. O Estado deve fornecer, de forma

Como se percebe, o princípio tem sido arguido muito seguidamente, sustentando decisões com extrema complexidade política, fundamentando posições que trafegam na zona limítrofe que fixa a independência e a harmonia dos Poderes.

Já o Tribunal de Justiça do Rio Grande do Sul (TJRS), utilizando-se do princípio da dignidade da pessoa humana, acaba por aprofundar sua aplicação justamente na questão social, em que os direitos fundamentais servem às próprias políticas de inclusão social, donde se estabelece, seguidamente, um paradigma entre dignidade e mínimo existencial (mínimo de renda de sobrevivência da pessoa e da família[108]), nos termos do que se referiu anteriormente. Como consta do exemplo em nota de rodapé, teve-se por bem adequar uma margem consignável para desconto em folha; não obstante, resguardou o essencial para uma manutenção digna, estabelecendo um critério de entendimento sobre o que vem a ser o próprio mínimo existencial, a partir da dignidade da pessoa humana.

Noutro exemplo, o TJRS estabelece uma correlação em que moradia[109] é consequência do princípio da dignidade da pessoa humana,

---

gratuita, medicamentos excepcionais para pessoas que não puderem prover as despesas com os referidos medicamentos, sem privarem-se dos recurso indispensáveis ao próprio sustento e de sua família. Parágrafo único. Consideram-se medicamentos excepcionais aqueles que devem ser usados com freqüência e de forma permanente, sendo indispensáveis à vida do paciente". 5. A Constituição não é ornamental, não se resume a um museu de princípios, não é meramente um ideário; reclama efetividade real de suas normas. Destarte, na aplicação das normas constitucionais, a exegese deve partir dos princípios fundamentais, para os princípios setoriais. **E, sob esse ângulo, merece destaque o princípio fundante da República que destina especial proteção à dignidade da pessoa humana.** [...]". (grifou-se). BRASIL. Supremo Tribunal Federal. Disponível em: <http://www.stf.jus.br>. Acesso em: 01 dez. 2008.

[108] "AGRAVO DE INSTRUMENTO. NEGÓCIOS JURÍDICOS BANCÁRIOS. CONSIGNAÇÃO EM DE PAGAMENTO. LIMITAÇÃO. **DIGNIDADE DA PESSOA** HUMANA, MÍNIMO EXISTENCIAL E SUPERENDIVIDAMENTO DO CONSUMIDOR. Consoante entendimento sedimentado no Superior Tribunal de Justiça, revela-se válida a cláusula contratual que prevê o desconto em folha de pagamento. A limitação deste ao percentual máximo de 30% dos rendimentos brutos do consumidor, excluídos os descontos obrigatórios, decorre da eficácia também entre os particulares do princípio da **dignidade da pessoa** humana (mínimo existencial), bem como objetiva evitar o superendividamento do consumidor. Assim, visa-se a assegurar um mínimo de rendimento para sobrevivência digna deste e de sua família. Precedentes do Superior Tribunal de Justiça e desta Corte. AGRAVO DE INSTRUMENTO PROVIDO EM DECISÃO MONOCRÁTICA. (Agravo de Instrumento nº 70027434281, Décima Segunda Câmara Cível, Tribunal de Justiça do RS, Relator: Judith dos Santos Mottecy, Julgado em 14/11/2008)". BRASIL. Tribunal de Justiça do Rio Grande do Sul. Disponível em: <http://www.tjrs.jus.br>. Acesso em: 01 dez. 2008.

[109] "APELAÇÃO CÍVEL. NEGÓCIOS JURÍDICOS BANCÁRIOS. EMBARGOS DE TERCEIRO. BEM DE FAMÍLIA. MORTE DO DEVEDOR. FILHA QUE CONTINUA A RESIDIR NO IMÓVEL. PROTEÇÃO LEGAL A ENTIDADE FAMILIAR. PERMANÊNCIA. INTERPRETAÇÃO TELEOLÓGICA. PRINCÍPIO DA RAZOABILIDADE. A proteção ao bem de família, cujo assento constitucional está previsto no direito social à moradia (art. 6º da CRFB), constitui materialização da teoria do patrimônio mínimo da pessoa humana, assegurando o chamado mínimo existencial, como afirmação do princípio da **dignidade da pessoa** humana. Nesse compasso, o

desencadeando, da mesma forma, os fatores básicos de uma vida com dignidade, já que tanto a moradia quanto o princípio da dignidade vislumbram o abrigo, o resguardo e o cuidado da pessoa.

É identificável, por mais sutil que possa parecer, uma linha de concretização e concordância prática do princípio em sede de administração da justiça. Exemplos dessa administração judicial da dignidade da pessoa humana ilustram sobremaneira a tentativa de sua significação e abertura ao ordenamento jurídico, como se pretende utilizá-la frente ao princípio da vedação de tributos confiscatórios.

Mas, para além disso, tais exemplos registram o fato inconteste de que a utilização da dignidade para sustentar decisões judiciais permite que o Judiciário opere mais abertamente, deflagrando um uso principiológico com forte carga valorativa e que acaba por flexibilizar a própria independência e harmonia dos Poderes, tal qual o direito constitucional-administrativo, aberto, oxigenado e participativo, construído em Estados de Direito embasados no princípio republicano, consagrador da tripartição, como menciona Geraldo Ataliba:

> Estados de Direito, que plasmam suas instituições com base no ideal republicano, com a consagração da tripartição – e consequente autonomia e independência – dos poderes, bem como lastreadas no império da lei e no princípio da isonomia, têm necessariamente um direito administrativo aberto, oxigenado, participatório, permeado de técnicas, institutos e peculiaridades inúmeras vezes contrastantes com a rapidez, eficiência, agilidade e desassombro que caracterizam os regimes que, em nome dessas características, atropelam direitos, ignoram a participação dos administrados e atuam surpreendentemente, comprometendo a segurança e previsibilidade dos direitos.[110]

Com efeito, federação e república como os princípios mais importantes a tocar o sistema constitucional brasileiro,[111] como ensina Ataliba, sobre espaço para um Direito participatório, que examine seus institutos dando-lhes validade e eficácia para além dos limites de qualquer Poder, mas sim para todos eles, naquilo em que é seu dever.

---

fato de o devedor/proprietário ter falecido não altera a finalidade residencial do bem, devendo permanecer a proteção legal em favor dos demais integrantes da entidade familiar que continuam a residir no imóvel. Interpretação que sem entende mais consentânea com a realidade atual, garantindo efetiva e real proteção à entidade familiar, a qual não se extingue com a ausência de um de seus componentes. RECURSO DE APELAÇÃO PROVIDO. PREJUDICADO O APELO DO BANCO. UNÂNIME. (Apelação Cível nº 70026431627, Décima Oitava Câmara Cível, Tribunal)". BRASIL. Tribunal de Justiça do Rio Grande do Sul. Disponível em: <http://www.tjrs.jus.br>. Acesso em: 01 dez. 2008.

110 ATALIBA, Geraldo. *República e Constituição*. 2. ed. Atualizado por Rosala Miranda Folgosi. São Paulo: Malheiros, 2001, p. 83.

111 Ibid., p. 36.

Antonio Enrique Pérez Luño demonstra este sentido universal, embora ressalte aquela informação inicial de que, atualmente, há preferência pela separação entre dignidade da pessoa humana como indicando a ordem constitucional, e dignidade humana como indicando a ordem comunitária (internacional):

> El término "derechos fundamentales", *droits fondamentaux*, aparece en Francia hacia 1770 en el movimiento político y cultural que condujo a la Declaración de los Derechos del Hombre y del Ciudadano de 1789 [...]. La expresión ha alcanzado luego especial relieve en Alemania, donde bajo el título de los Grundrechte se ha articulado el sistema de relaciones entre el individuo y el Estado, en cuanto fundamento de todo el orden jurídico-político. Éste es su sentido en La Grundgesetz de Bonn de 1949 [...]. De ahí que gran parte de La doctrina entienda que los derechos fundamentales son aquellos derechos humanos positivizados en las constituciones estatales [...].[112]

Assim, ganha relevo científico a posição que direciona a dignidade da pessoa humana aos próprios direitos fundamentais, pois sua utilização no Brasil, principalmente sob a ótica do Poder Judiciário, ilustra uma correlação e interdependência que – além de não poder ser negada – é irreversível, principalmente porque serve de estandarte para os próprios direitos sociais ainda em vias de plena implementação. Seria, assim, o reconhecimento judicial daquela dupla dimensão da dignidade.

[112] PÉREZ LUÑO, Antonio Enrique. *Derechos Humanos, Estado de Derecho y Constitución*. 9. ed. Madrid: Editoria Tecnos, 2005, p. 32-33.

2. O princípio do não confisco tributário

Mais uma vez uma reserva terminológica deverá anteceder o conteúdo. Trata-se de afirmar a não opção por um único termo escrito a designar o princípio do art. 150, IV, da Constituição. Esta é uma tendência que tem por objetivo não tornar repetitivo e cansativo o uso de apenas um signo para identificar o mesmo instituto. Razão pela qual, a vedação à União, aos Estados, ao Distrito Federal e aos Municípios de utilizarem tributo com efeito de confisco terá aqui várias designações como, por exemplo, proibição de tributos com efeito de confisco, não confisco, confisco tributário, efeito confiscatório, entre outros, como vêm sendo utilizados pela doutrina jurídica nacional. Parece inexistir prejuízo ao entendimento, dada a especialidade de tratamento ao referido dispositivo constitucional, fato que fomenta a opção.

Neste segundo capítulo, o estudo possui uma característica principal descritiva, apontando para uma apresentação de determinada situação jurídica. Significa dizer que será essencialmente expositivo, indicando a seleção e a relevância do tema, a lacuna normativa,[113] mediante a apresentação de determinado suporte teórico (referencial), para, no último item, tentar falsear[114] a posição doutrinária dominante, naquela específica tarefa de densificação (da norma) do princípio do não confisco tributário.

Conceituação, disposição constitucional, fundamentalidade, teoria do confisco tributário hoje e o estabelecimento de um critério de avaliação que muda o paradigma de observação do não confisco tributário serão os temas deste segundo capítulo. E, considerando se tratar de um princípio que somente a partir da Constituição de 1988 se tornou explícito no Brasil, fato que, por si só, leva à conclusão de que há escassa doutrina sobre o tema, optou-se pelo uso do conteúdo da

[113] Cf. DINIZ, Maria Helena. *Conflito de Normas*. São Paulo: Saraiva, 1987. Pressupõe-se aqui, não haver norma definida dando sentido àquele dispositivo constitucional.

[114] MARCONI, Marina de Andrade; LAKATOS, Eva Maria. *Fundamentos de metodologia científica*. 6. ed. São Paulo: Atlas, 2007, p. 95: hauridas em Karl R. Popper, dizem: "testes de *falseamento*: tentativas de refutação, entre outros meios, pela observação e experiência".

obra "Proibição de tributos com efeito de confisco",[115] cuja completude e sistematização indica ser o referencial teórico ideal para os objetivos deste capítulo. Evidentemente, este referencial será comparado com outros específicos trabalhos, atendendo as necessidades gerais da pesquisa bibliográfica, no contraponto teórico.

2.1. O princípio da vedação ao efeito confiscatório: significação prévia

Demonstrando a complexidade do tema da vedação ao efeito confiscatório, conforme o dispositivo 150, IV, da Constituição, já se apresenta a mesma preocupação desta pesquisa. Qual a significação do não confisco tributário? É um questionamento que ultrapassa as conjecturas metodológicas, avolumando-se como uma dúvida às políticas públicas tributárias, senão vejamos:

> O art. 150, inciso IV, da Constituição Federal dispõe ser vedado à União, aos Estados, ao Distrito Federal e aos Municípios utilizar tributo com efeito de confisco. O que significa concretamente tal comando constitucional? Cuida-se, sem dúvida, de expressão com característica de vagueza, conceito jurídico indeterminado, ou seja, termos que não têm apenas uma periferia de textura aberta, mas que são centralmente vagos. Com efeito, certo grau de imprecisão é inerente à linguagem humana, praticamente não existindo palavras que contenham significado unívoco. Quase dois séculos atrás já o apontava John Marshall: "Such is the character of human language that no word conveys to the mind in all situations one single definite idea". Mas a maioria dos termos apresenta um núcleo central de significado indiscutível e apenas hipóteses periféricas dúbias ou controversas. Já os conceitos jurídicos indeterminados são *centralmente vagos:* neles não é na minoria de casos, claramente periféricos, que surge a dúvida sobre seu significado, mas na imensa maioria dos casos reais esta se faz presente, impedindo que a aplicação do direito se faça por mera operação de *subsunção*, exigindo tarefa de *concreção.* É o caso do objeto de nosso estudo, a norma constitucional que proíbe a utilização de tributo com efeito de confisco. Com mais uma peculiaridade: o conceito de confisco não só é semanticamente vago, como significativamente controversas as interpretações que se lhe dão, por razões inclusive ideológicas, além de vagas e imprecisas as decisões jurisprudenciais a respeito.[116]

É de se reconhecer a vagueza do conceito de não confisco tributário ao nível de um conceito jurídico indeterminado,[117] ou seja,

---

[115] DIFINI, Luiz Felipe Silveira. *Proibição de tributos com efeito de confisco.* Porto Alegre: Livraria do Advogado, 2007.

[116] Ibid., p. 7.

[117] No último capítulo será precisado o significado de *conceitos jurídicos indeterminados*. Por enquanto, cumpre apresentar seu conceito sintético, conforme FILGUEIRAS JR., Marcus Vinícius. *Conceitos Jurídicos Indeterminados e Discricionariedade Administrativa.* Rio de Janeiro: Lumen Juris, 2007, p. 99: "Pode-se afirmar que os conceitos jurídicos indeterminados são aqueles cujos

centralmente vago e com textura aberta. Apresentando diversas conceituações, refere-se não cumprirem a "[...] tarefa de reduzir o grau de vagueza da expressão 'efeito de confisco' [...]",[118] e que de longa data, em vários países, o tema vem sendo examinado pela doutrina e pela jurisprudência.[119]

Não obstante essas dificuldades, não se trata (o efeito de confisco) de punição, porque tributo não é punição, não se constituindo sanção de ato ilícito:

> Portanto, confisco é punição, pela qual se adjudicam ao fisco bens, por ato administrativo ou sentença com base em lei. Vê-se que tributo não pode ser confisco, pois tributo não é punição, de vez que não constitui sanção de ato ilícito. O que se veda não é tributo que constitua confisco (disposição que nenhum efeito produziria, pois seria impossibilidade lógica), mas tributação que de tal forma lesione o patrimônio, renda ou atividade lícita do contribuinte, que acabe por ter efeitos equivalentes ao confisco ("efeito de confisco"), causando, pela via indireta da tributação, desapossamento dos bens do contribuinte pelo Fisco.[120]

Neste esforço teórico de conceituação, em que se utiliza um contraconceito, excluindo aquilo que não é confisco, apresenta-se uma verdade inarredável que não pode ser ignorada, qual seja, a de que não é o tributo que se veda, mas o efeito dele decorrente (só o confisco é punição).[121] Esta é uma afirmação muito importante, pois poderia existir uma carga tributária alta que atingisse ou mesmo superasse os limites da capacidade contributiva, sem que, com isto, houvesse o efeito confiscatório. Ora, além de iniciar uma distinção importante entre capacidade contributiva[122] e efeito confiscatório, referenda-se a po-

---

limites de sua extensão não podem ser traçados precisamente, a fim de permitir a identificação de quais os objetos ou as realidades que abarcam ou deixam de abarcar, perante uma situação concreta".

118 DIFINI, op. cit., p. 11.

119 Ibid., p. 10: "O tema, portanto, embora muito longe de ter seu âmbito de concreção adequadamente determinado, vem, de longa data e em vários países, sendo examinado pela doutrina e pela jurisprudência. Por outro lado, sua relevância mais se afirma nos tempos presentes em que há crescente necessidade de financiamento das funções do Estado, especialmente para satisfação dos direitos a prestações positivas, sempre maiores como derivação do princípio do Estado Social e Democrático de Direito. Tal fenômeno, somado a dados conjunturais e estruturais (por exemplo, o descomunal endividamento de países periféricos, como o nosso), tem levado a um agravamento das cargas tributárias, que já alcançam percentuais extremamente expressivos das respectivas produções nacionais. Só isto já justificaria dedicasse a doutrina, a quem cabe formular padrões argumentativos que possam apontar caminhos para soluções jurisprudenciais, estrita atenção ao tema, com vistas a proporcionar um significado mais preciso e produtor de efetivas conseqüências jurídicas ao princípio".

120 Ibid., p. 10.

121 Ibid., p. 19.

122 Ibid, p. 120: "Capacidade contributiva absoluta se refere à aptidão abstrata para concorrer aos gastos públicos, portanto, à definição legal dos sujeitos ou dos fatos que demonstram ou indicam a existência de tal capacidade; já a capacidade contributiva relativa pressupõe a ocorrência

sição – mesmo que indiretamente – de que, em se tratando de efeito, a avaliação de sua ocorrência ou não, dependerá de um tipo de exame subjetivo e qualitativo, circunstâncias que serão examinadas no terceiro capítulo. Importando aqui, ter se afastado uma confusão prévia.

Propõe-se "[...] identificar parâmetros para concreção do princípio, perquirindo se sua maior delimitação deve ser objeto de solução normativa (nesta hipótese, com as diferentes possibilidades: em sede constitucional, de lei complementar ou ordinária) ou jurisprudencial [...]".[123] Assim, encaminha-se para a direta possibilidade de concretização da norma reservando tal tarefa, especialmente, à doutrina e à jurisprudência, o que representa um avanço em relação a esta proposta.

É que neste aspecto, entender-se-á necessário um estudo prévio, antecipado e que, além de estabelecer um comparativo pouco usado (senão, nunca usado de forma mais aprofundada), entre dignidade e não confisco, estabelece um novo critério de densificação da norma, anterior à concretização, intitulado quali-quantitativo. Naquele estudo ao demonstrar isso ao longo do texto, para concretização da norma, mantém-se, sempre, o critério quantitativo (tão somente), matemático, mais coincidente com a perspectiva da dogmática jurídica tributária, embora fazendo referência ao critério qualitativo de conceituação. Aparentemente, isso parece ser um ponto final permanentemente adotado na doutrina especializada, pois diversos autores assumem tal posição, embora retoricamente usem a expressão *dignidade da pessoa humana* como um limitador do efeito confiscatório.

Antecipando o tema, veja-se a adoção do critério quantitativo em Paulo Cesar Baria de Castilho:

> Entendemos que a diferença entre um tributo legítimo, dentro dos limites constitucionais, e um outro confiscatório reside na *diferença de grau* em que é exigido. Vale dizer: até certo limite quantitativo, o tributo é legítimo. Ultrapassado esse limite, torna-se confiscatório. A doutrina brasileira, em considerável medida, limita-se a dizer que um imposto é confiscatório quando excede a capacidade contributiva, sem, contudo, estabelecer quais são esses limites, atribuindo tal função ao Poder Judiciário, que deverá decidir levando em consideração cada caso concreto. Embora seja esta a principal função do Poder Judiciário (declarar a aplicar o direito em cada caso concreto), certo é que a doutrina tem a missão de, pelo menos, fornecer critérios científicos que traduzam o conteúdo jurídico da limitação constitucional que veda a utilização de tributo com efeito de confisco.[124]

---

da absoluta e refere-se à delimitação do grau de capacidade, do *quantum*, à determinação da quota com que cada um contribuirá com os gastos públicos".

[123] DIFINI, op. cit, p. 12.

[124] CASTILHO, Paulo Cesar Baria de. *Confisco Tributário*. São Paulo: Revista dos Tribunais, 2002, p. 103.

Mas se o efeito confiscatório não é punição, e só o confisco é penalidade, aparentemente exige uma avaliação em concreto. Vale dizer, dependente das idiossincrasias de cada homem ou família (e, até mesmo, pessoa jurídica), já que a ideia de efeito denota uma mudança fática de avaliação subjetiva, não apenas reduzida a cálculo aritmético (percentual confiscatório), que não avalia prejuízo à (qualidade de) vida, mas apenas o pressupõe pela diminuição do patrimônio ou da renda.[125] E a diminuição do patrimônio ou da renda não está diretamente ligada à perda da dignidade. Grandes fortunas sob efeito confiscatório, ainda sob esta condição, dificilmente exporão à indignidade um sujeito milionário. Por outro lado, é possível que a tributação em 40% da renda de um pai de família (com esposa e filhos) assalariado, coloque seus pares na atividade criminosa, por exemplo, contrabandeando produtos, ou, até mesmo, vendendo drogas (o que é bem comum), fato que, por si só, representa perda da dignidade da pessoa. O exercício de atividade ilícita caracteriza obrigatoriamente a diminuição da moralidade. Em sentido exemplificativo, representa a perda da própria honra. Do contrário, ter-se-ia que negar a existência de patrimônio imaterial, *exempli gratia*, a intimidade, a vida privada, a honra e a imagem, direitos previstos no art. 5º, X, da Carta Magna.

Bem, nesta tarefa de precisar o efeito confiscatório, refere-se esta dificuldade da doutrina,[126] concordando-se com a posição dominante de que se falou antes, para adoção do critério quantitativo:

> E cremos que a expressão "tributo com efeito de confisco" refere-se ao aspecto quantitativo da exigência. O imposto de renda à alíquota de 10% certamente não é confiscatório, e a de 80% é; o STF decidiu que a contribuição previdenciária de 11% não é confiscatória, e a de 25% é. Os limites qualitativos das exigências fiscais são fixados pelas normas constitucionais que outorgam competências (e delimitam, pois, a matéria tributável pelo legislador ordinário dos diferentes entes federativos), e não pelo princípio de não confiscatoriedade. Por fim, a doutrina tem utilizado os termos *efeito* ou *alcance* conficcatório como sinônimos, a nosso ver com correção, pois não identi

[125] DIFINI, op. cit., p. 20: "Na conceituação de confisco, em si, entendemos relevante frisar seu caráter de penalidade. Justamente isto o diferencia do tributo. Todo e qualquer tributo implica a retirada de determinada parcela do patrimônio ou renda do particular, em proveito do Estado, sem indenização. Assim, concluir-se-á com Learned Hand, que 'all taxes are *pro tanto* confiscatory'. A diferença deve ser buscada em outro nível. Confisco é medida punitiva, de ordem penal ou administrativa. A lei penal prevê, como efeito da condenação, a perda em favor da União dos instrumentos e do produto do crime (Código Penal, art. 91, II) – confisco por sentença judicial, e a legislação aduaneira prevê a perda de mercadorias (art. 105 do Decreto-Lei nº 37, de 18-11-1966) – confisco por ato administrativo. Tributo não constitui sanção de ato ilícito: logo, não pode, de per si, constituir confisco. O que pode ocorrer é que o tributo, por excessivo, produza efeitos equivalentes ao desapoderamento dos bens ou da renda do contribuinte: tratar-se-á, então, de tributo com efeito confiscatório, vedado pelo art. 150, IV, da Constituição Federal".

[126] Ibid., p. 25.

ficamos, inclusive no sentido vernacular destas palavras, a distinção pretendida (que efeito se referisse ao aspecto qualitativo e alcance ao quantitativo).[127]

Assumindo-se explicitamente ser um limite de grau, buscou-se um âmbito de operatividade do princípio do não confisco, e que, então, seja adequado às pretensões de um Estado Social e Democrático de Direito,[128] um Estado caro. Mas, quando apresentado o pensamento de Fábio Brun Goldschmidt[129] sobre o art. 150, IV, afirma-se que a que a Carta de 1988, ao contrário da Constituição Espanhola, não dá claramente um limite quantitativo ao não confisco. Ora, exatamente por não constar no texto constitucional, o limite puramente quantitativo não pode ser ele defendido a ferro e fogo, como se visível apenas aos olhos de uns, numa espécie de letra secundária da lei. Vale dizer, ao contrário, que se nada explicita, pela mesma regra que o inclui, também inclui o qualitativo. Noutras palavras, o art. 150, IV, da Constituição permite dar sentido à norma tanto pelo critério quantitativo quanto pelo qualitativo. Ou, ainda, pela soma dos dois.

De qualquer modo, toda esta discussão deixa evidente se tratar de um instituto jurídico aberto à significação. É um direito fundamental (conforme será examinado no item 2.3, a seguir) cujo conceito jurídico ainda é indeterminado, acertando Castilho ao defender esta ideia, inclusive com base em Aires Fernandino Barreto.[130]

Mas é de se acreditar que a vedação ao efeito confiscatório está para o patrimônio das pessoas (repetitivamente resumido à ideia de "propriedade privada").[131] E o patrimônio está para as espécies material e imaterial, e não apenas para o primeiro (propriedade e renda). Então, o efeito confiscatório também está para o patrimônio imaterial da pessoa humana.

---

[127] DIFINI, op. cit, p. 27.

[128] Ibid., p 28: "Assim, o limite admissível de tributação aquém da linha de confiscatoriedade será um no Estado Social e Democrático de Direito, em função do gasto público exigido pelas múltiplas demandas que é chamado a atender, e outro (mais restrito) em um Estado liberal clássico. Mas o gasto público, embora justificado e decorrente de princípios igualmente acolhidos no texto constitucional, não servirá para, além de determinado limite, infirmar a tributação como confiscatória. Em síntese: sempre haverá um limite: mais aquém, em Estado de *laissez-faire;* mais além, em Estado Social. Mas a demanda de gasto do Estado social só deslocará no espaço o limite, não o eliminará, nem justificará exacerbação extrema da tributação pela necessidade, utilidade e adequação do gasto público, inclusive decorrente da atuação de outros princípios constitucionais".

[129] Ibid., p. 26.

[130] CASTILHO, op. cit., p. 83.

[131] CARRAZZA, Roque Antonio. *Curso de Direito Constitucional Tributário.* 17. ed. São Paulo: Malheiros, 2002, p. 343, nota 2: "A tributação não pode agredir a propriedade privada, a ponto de fazê-la desaparecer. Em termos mais técnicos, não pode assumir feições confiscatórias".

Acertada, pois, a locução de Castilho quando, amparado no ensinamento de Carlos Roberto Siqueira Castro, também chama os tributos confiscatórios de "[...] destrutivos da atividade lícita [...]",[132] inclusive com origem na Carta Constitucional de 1946 que, em seu art. 202, previa a graduação tributária pela capacidade econômica do contribuinte.

2.2. O art. 150, IV, da Constituição e a questão dos tributos com efeito confiscatório

À primeira vista, parece haver um equívoco no título do trabalho quando lança a palavra "tributo" no plural e "efeito confiscatório" no singular. Trata-se de aparente erro ortográfico, pois se defende aqui uma construção em que a carga tributária ou a soma de alguns tributos enseja, também, o efeito confiscatório. Já que dificilmente um único tributo atingiria tal condição (não obstante o STF dizer que sim).

O mesmo pensamento está em Hugo Thamir Rodrigues:

> O efeito confiscatório, entende-se, pode ocorrer não apenas em função de um determinado tributo, mas pela soma de dois ou mais. Assim, evitar o confisco significa evitar que pessoas percam sua dignidade, que as empresas parem de produzir, que os profissionais autônomos percam suas condições de trabalho, em virtude de uma política tributária que dilapide o patrimônio de cada um, pessoa natural ou jurídica. Significa garantir o direito de propriedade privada, dentro do contexto estabelecido pelo próprio texto constitucional que a vincula ao cumprimento de sua função social. Ou seja, o princípio em tela visa coibir que a carga tributária impeça a existência de uma vida digna, pois ninguém Pode ser obrigado a pagar valores que não possui condições de pagar.[133]

E, nas considerações acima, encontra-se a preocupação com a proteção à dignidade, em virtude de uma política tributária que ultrapasse os limites formais de um pretenso Estado Fiscal Social. De um modo geral, a doutrina comunga desse entendimento sob pena de se gerar um sistema possivelmente inefetivo. Exemplificativamente, o posicionamento de Jorge de Oliveira Vargas:

> A meu ver, o alcance do não confisco vai além. Alcança não só a carga como um todo, mas também os tributos vistos isoladamente, isto porque a norma constitucional ora

---

[132] CASTILHO, op. cit., p. 56.

[133] RODRIGUES, Hugo Thamir. Contribuição para o custeio do serviço de iluminação pública: um estudo acerca de sua natureza jurídica e de sua constitucionalidade. In: REIS, Jorge Renato dos; LEAL, Rogério Gesta. *Direitos Sociais & Políticas Públicas, desafios contemporâneos*, tomo 6. Santa Cruz do Sul: Edunisc, 2006, p. 1.687.

analisada não impõe qualquer limitação, e às garantias constitucionais deve ser dada a maior eficácia possível.[134]

Apesar deste entendimento, Vargas afirma que em relação à carga tributária global, "[...] o efeito de confisco só acontecerá quando houver a absorção de parte considerável do valor da propriedade [...]," posicionando-se como a maioria dos doutrinadores, na escolha do critério quantitativo embasado no patrimônio material das pessoas. É o erro de que se falou anteriormente.

Admitindo-se o entendimento de que o efeito se opera sobre a carga tributária global, se dá sentido ao dispositivo em comento, qualificando-o como mandamento de otimização (do sistema, evidentemente), comparado com os princípios da proporcionalidade e razoabilidade, o que reforça a posição aqui assumida, relembrada a ideia de que as limitações ao poder de tributar amparam-se, necessariamente, no ideal de um autêntico Sistema Tributário, como consta do Texto Fundamental e das leis em geral, agregadoras de uma teoria geral das normas superior a de outros povos, como afirma Sacha Calmon Navarro Coelho.[135] Em razão disso, não há como se pensar a exclusão de proibição de tributos que, somados, tenham efeito de confisco:

> A nosso ver, a norma do art. 150, IV, da nossa Constituição constitui princípio, mas princípio de espécie diversa daqueles geralmente mencionados (direito de propriedade, de liberdade, de livre exercício profissional, de livre expressão do pensamento, à privacidade, etc.). A norma que veda a utilização de tributos com efeito de confisco mais se assemelha aos princípios de proporcionalidade e de razoabilidade, do que aos princípios que, constituindo a expressão de direitos fundamentais, são mandamentos de otimização, que visam a alcançar fins ideais.[136]

De outro modo, é preciso admitir que seria bastante difícil a aplicação concreta da vedação ao efeito confiscatório quando de apenas

---

[134] VARGAS, Jorge de Oliveira. *Princípio do Não-confisco como garantia constitucional da tributação justa*. 1. ed. (2003). Curitiba: Juruá, 2004, p. 47-48.

[135] COELHO, Sacha Calmon Navarro. *Curso de Direito Tributário Brasileiro*. 8. ed. Rio de Janeiro: Forense, 2005, p. 37.

[136] DIFINI, op. cit., p. 77. E, sobre proporcionalidade e razoabilidade: "[...] o princípio da proporcionalidade abrange o tríplice aspecto de adequação, necessidade e proporcionalidade em sentido estrito (ou justa medida), ou seja, e sinteticamente, para que se a considere proporcional, uma medida de restrição a direitos deverá atender aos três requisitos: deve ser *adequada* para atingir ou, ao menos, fomentar o fim legítimo colimado; deve ser *necessária* para atingir o referido fim (não deve haver outro meio, que restrinja menos o princípio em conflito e leve à obtenção do fim visado com a mesma eficiência) e deve ser proporcional em sentido estrito, isto é, a intensidade da restrição a direitos fundamentais não deve ser desproporcional à importância da realização do fim. [...] Contudo, na doutrina e na jurisprudência brasileira, frequentemente as referências ao princípio da proporcionalidade não observam tal rigor, sendo comum sua utilização como sinônimo de razoabilidade, ou simples padrão de sensatez ou de afastamento de normas manifestamente incongruentes, ou mesmo como recurso retórico". Op. cit., p. 84-86.

um único tributo, inclusive por razões técnico-burocráticas que impediram exação fiscal nas proporções em que hoje se reconhece o efeito confiscatório. Deve ser avaliado, então, para que se mantenha a ideia constitucional de sistematização, sobre todo o sistema de exação fiscal, como também defende Hugo de Brito Machado,[137] sob pena de ser tornar letra constitucional morta.

E é interessante que seja assim entendido o efeito confiscatório, dada a natureza de direito fundamental que lhe é própria (tema a seguir tratado), donde decorre que seu sentido genérico garante vários outros direitos (o que revela a complexidade temática), como ensina Flávio de Azambuja Berti (embasado na opinião de Misabel Abreu Machado Derzi), também preocupado com os limites de seu reconhecimento:

> Para a autora referenciada acima, bem como para quase toda a doutrina nacional, o princípio que impede a utilização do tributo com efeito confiscatório tem um sentido genérico, muito amplo, o qual acaba por garantir e referendar o direito de propriedade e seus consectários, inclusive aqueles inerentes à ordem econômica: a livre escolha e o exercício de qualquer profissão, a liberdade de iniciativa e a livre concorrência etc. Problema espinhoso é aquele que busca desvendar e definir quais são os critérios para determinar se um determinado tributo tem ou não, efeito confiscatório. Não constitui tarefa fácil discorrer sobre o tema, tampouco definir com segurança qual(is) o(s) parâmetro(s) correto(s).[138]

Ora, fazendo-se uma breve incursão no tema da teoria da interpretação,[139] trata-se de uma questão que remonta o problema do próprio equilíbrio constitucional[140] constantemente buscado no Estado brasileiro quando da implementação de políticas públicas voltadas ao desenvolvimento. Em sede tributária, pela mão da extrafiscalidade do tributo.

---

[137] MACHADO, Hugo de Brito. *Curso de Direito Tributário*. 20. ed. São Paulo: Malheiros, 2002, p. 47: "O caráter confiscatório do tributo há de ser avaliado em função do sistema, vale dizer, em face da carga tributária resultante dos tributos em conjunto".

[138] BERTI, Flávio de Azambuja. *Impostos extrafiscalidade e não-confisco*. 2. ed. Curitiba: Juruá, 2006, p. 170.

[139] Ibid., p. 183: "O interesse do tema está presente não por motivos diferentes dos meramente jurídicos, mas também, sob o prisma da interpretação jurídico-constitucional a que se é levado ao deparar-se com o confronto do uso extrafiscal dos impostos diante do princípio que veda o confisco resultante da tributação, o qual, como exposto na passagem própria, deve sofrer a devida adaptação à teleologia buscada pelo legislador constituinte ao permitir a aplicação da extrafiscalidade em tema afeto aos impostos".

[140] VARGAS, op. cit., p. 130: "Se a Constituição deve ser interpretada como um todo, deve-se sempre buscar, na sua interpretação, a harmonia entre os Estados liberal e social, para se alcançar o Estado democrático que caracteriza o fiel da balança desta unidade. As antinomias são superadas pelo equilíbrio. Por isso a consequência lógica que decorre da unidade constitucional é a busca do equilíbrio entre as forças liberal e social, da liberdade e da intervenção, do interesse privado e do público, ou seja, a busca, enfim, do Estado de Direito Democrático".

Finalmente, é preciso registrar que a posição do Supremo Tribunal Federal (STF) anda no mesmo sentido, admitindo efeito confiscatório decorrente da carga tributária, como historicamente reconhecido na Ação Direta de Inconstitucionalidade (ADIn) nº 2.010-2-DF e na ADIn nº 8-8-DF, que repetia a fundamentação da primeira, ambas reconhecendo o efeito sobre a totalidade da carga tributária:

> A menção expressa da proibição na Constituição de 1988 e sua própria indeterminação fizeram com que para ela se voltasse maior atenção da doutrina. O instituto vir agora expresso no texto constitucional tem, entre outras vantagens, a de facilitar o acesso às vias do recurso extraordinário, e das ações diretas de constitucionalidade ou inconstitucionalidade, viabilizando sua análise pelo Supremo Tribunal Federal. Este enfrentou precisamente o tema, em importantíssima decisão na Ação Direta de Inconstitucionalidade 2.010-2-DF (Medida Cautelar), julgada em 30-09-1999, em que a Corte suspendeu a vigência, entre outros dispositivos, do art. 2º da Lei Federal nº 9.783, de 28-01-1999, que aumentava a contribuição previdenciária devida pelos servidores públicos federais, sob o fundamento de incompatibilidade deste dispositivo com o art. 150, IV, da Constituição Federal, a proibir utilização de tributo com efeito de confisco. A decisão seria repetida, com idêntica fundamentação, pouco mais tarde, na Medida Cautelar na Ação direta de Constitucionalidade nº 8-8 – DF, em que o Presidente da República buscava a declaração de constitucionalidade dos arts. 1º e 2º da referida lei. Posteriormente à decisão na medida cautelar, o art. 7º da Lei nº 9.988/2000 revogou expressamente o art. 2º de Lei nº 9.783/99, pelo que a Corte julgou prejudicada, por perda superveniente de objeto, a ADIn, no particular. Posteriormente, em 11-03-2004, em decisão monocrática, transita em julgado sem interposição de recurso, o Relator julgou extinta a própria ADIn, em virtude da perda superveniente de seu objeto, face à superveniência da Emenda Constitucional nº 41, de 19.12.2003, que suprimiu e alterou substancialmente as normas constitucionais em relação às quais se alegava a inconstitucionalidade da Lei 9.783/99, na matéria ainda pendente (vedação à exigência de contribuição previdenciária de servidores públicos inativos). Todavia, no julgamento da medida cautelar, o tema do confisco fora amplamente apreciado pelo STF.[141]

Evidente, também, aplicar-se indistintamente sobre todas as espécies tributárias,[142] e em todas as situações,[143] como refere o autor a partir das conclusões do XXV Simpósio Nacional de Direito Tributário do Centro de Extensão Universitária, apontadas em texto de Ives Gandra da Silva Martins, a quem faz remissão. Mas, ressalve-se

---

[141] VARGAS, op. cit., p. 60-61.

[142] CASTILHO, op. cit., p. 104: "O art. 150, inc. IV, da Carta Magna utiliza o termo tributo ao vedar o efeito de confisco. Vale dizer: o legislador constituinte utilizou-se do gênero tributário e não de apenas uma de suas espécies, como seria o caso dos impostos. A nosso ver, a vedação constitucional à utilização de tributo com efeito de confisco é mais uma limitação ao poder de império do Estado. Nesse passo, qualquer tipo de confisco é vedado por nosso ordenamento jurídico (inclusive o tributário, uma espécie do gênero confisco). Assim, por decorrência lógica dessa afirmação, o efeito de confisco é vedado a todo e qualquer tributo e não apenas aos impostos".

[143] DIFINI, op. cit., p. 124.

um tratamento diferenciado para o efeito confiscatório de um tributo isoladamente, ou do conjunto do sistema,[144] o que por ora não é relevante.

2.3. A vedação ao efeito confiscatório: um direito fundamental

Não seria precipitado dizer que o apego à exegese tributária é causa de distanciamento entre o princípio do efeito confiscatório e sua natureza de direito fundamental. Com isso, seria possível admitir que, embora haja um reconhecimento discursivo, tal não se implementa na sua administração, especialmente nas vias administrativas (do Poder Executivo, principalmente). A doutrina reconhece o não confisco como direito fundamental, mas não consegue retirar desta sua natureza uma adequada utilização prática.

Antepondo-se à conclusão de Sarlet, de que os direitos fundamentais não formam um sistema em separado e fechado no contexto da Constituição,[145] pelo contrário, representando um catálogo aberto e flexível[146] que reconhece outros direitos fundamentais fora do art. 5º da Carta Republicana, evidentemente há que se reconhecer o princípio da vedação ao confisco tributário como um autêntico direito fundamental. Presente, pois, a nota da fundamentalidade material, inclusive em consonância com a autorização constante do § 2º do art. 5º da Carta, não se tratando este de catálogo exaustivo (abertura material).[147]

E Sarlet reconhece as limitações estatais à tributação, apostas na Carta da República, como direitos fundamentais fora do catálogo do art. 5º, fazendo-o de forma explícita ao reconhecê-los como direitos de defesa:

> Da mesma forma ocorre com a garantia da publicidade e fundamentação das decisões judiciais (art. 93, inc. IX), bem como com as limitações constitucionais ao poder

---

[144] DIFINI, op. cit., p. 234: "Todavia, os limites de confiscatoriedade são diferentes, quando se considera o efeito de um tributo isoladamente, ou o conjunto do sistema. Se adotássemos a orientação de Spisso, de considerar em ambas as hipóteses (que, todavia, são diferentes) o limite de 33% (fixado na jurisprudência argentina para *alguns* tributos *isoladamente considerados*), uma só exação ocuparia todo o campo de licitude quantitativa da tributação, nada sobrando em termos de possibilidade de incidência de quaisquer outros tributos. Tal situação se afigura mais claramente insustentável em Estados federais (e, ainda mais, no Brasil, onde há três esferas impositivas: União, Estados ou Distrito Federal e Municípios)".

[145] SARLET, 2007, p. 82.

[146] Ibid., p. 83.

[147] Ibid., p. 95.

de tributar (art. 150, incs. I a VI), o direito à manifestação do pensamento, criação, expressão e informação (art. 220), a igualdade de direitos e obrigações entre os cônjuges (art. 226, § 5º), e o direito dos filhos a tratamento igualitário e não discriminatório (art. 227, § 6º), que, sem dúvida, constituem dispositivos formalmente constitucionais capazes de se caracterizarem como posições subjetivas e permanentes do indivíduo (isolada ou coletivamente). Além disso, os preceitos referidos revelam nítida preocupação com a proteção da dignidade humana, da liberdade e da igualdade, constituindo, portanto, direitos materialmente fundamentais ou, no mínimo, passíveis de se enquadrarem nesta categoria.[148]

E, atentando-se às referências lançadas por Sarlet, encontra-se menção à ADIn nº 939-7,[149] onde se estabelece um paradigma positivo de reconhecimento das limitações constitucionais ao poder de tributar como direitos e garantias fundamentais individuais do cidadão. Fato este que tem servido como base teórica para grande parte da doutrina jurídica.

Ora, na qualidade de direito fundamental a vedação ao efeito confiscatório é um princípio que representa um valor jurídico. E seu conteúdo axiológico, para que goze de efetividade, deve sedimentar-se no cotidiano prático do próprio Direito.

A vedação ao confisco tributário é um direito fundamental, inclusive catalogado como direito e garantia individual erigido à cate-

[148] SARLET, 2007, p. 131-132.

[149] "Direito Constitucional e Tributário. Ação Direta de Inconstitucionalidade de Emenda Constitucional e de Lei Complementar. I.P.M.F. Imposto Provisório sobre a Movimentação ou a Transmissão de Valores e de Créditos e Direitos de Natureza Financeira – I.P.M.F. Artigos 5º, par. 2º, 60, par. 4º, incisos I e IV, 150, incisos III, 'b', e VI, 'a', 'b', 'c' e 'd', da Constituição Federal. 1. Uma Emenda Constitucional, emanada, portanto, de Constituinte derivada, incidindo em violação a Constituição originaria, pode ser declarada inconstitucional, pelo Supremo Tribunal Federal, cuja função precípua e de guarda da Constituição (art. 102, I, 'a', da C.F.). 2. A Emenda Constitucional n. 3, de 17.03.1993, que, no art. 2º, autorizou a União a instituir o I.P.M.F., incidiu em vício de inconstitucionalidade, ao dispor, no parágrafo 2º. desse dispositivo, que, quanto a tal tributo, não se aplica 'o art. 150, III, 'b' e VI', da Constituição, porque, desse modo, violou os seguintes princípios e normas imutáveis (somente eles, não outros): 1. – o princípio da anterioridade, que e garantia individual do contribuinte (art. 5º, par. 2º, art. 60, par. 4º, inciso IV e art. 150, III, 'b' da Constituição); 2. – o princípio da imunidade tributaria recíproca (que veda a União, aos Estados, ao Distrito Federal e aos Municípios a instituição de impostos sobre o patrimônio, rendas ou serviços uns dos outros) e que e garantia da Federação (art. 60, par. 4º, inciso I, e art. 150, VI, 'a', da C.F.); 3. – a norma que, estabelecendo outras imunidades impede a criação de impostos (art. 150, III) sobre: 'b'): templos de qualquer culto; 'c'): patrimônio, renda ou serviços dos partidos políticos, inclusive suas fundações, das entidades sindicais dos trabalhadores, das instituições de educação e de assistência social, sem fins lucrativos, atendidos os requisitos da lei; e 'd'): livros, jornais, periódicos e o papel destinado a sua impressão; 3. Em consequência, e inconstitucional, também, a Lei Complementar n. 77, de 13.07.1993, sem redução de textos, nos pontos em que determinou a incidência do tributo no mesmo ano (art. 28) e deixou de reconhecer as imunidades previstas no art. 150, VI, 'a', 'b', 'c' e 'd' da C.F. (arts. 3º, 4º e 8º do mesmo diploma, L.C. n. 77/93). 4. Ação Direta de Inconstitucionalidade julgada procedente, em parte, para tais fins, por maioria, nos termos do voto do Relator, mantida, com relação a todos os contribuintes, em caráter definitivo, a medida cautelar, que suspendera a cobrança do tributo no ano de 1993". Disponível em: <http://www.stf.jus.br>. Acesso em: 01 dez 2008.

goria de cláusula pétrea,[150] a teor do que dispõe o art. 60, § 4º, IV, da Constituição, cuja supressão constitucional é vedada:

> Quanto à proibição de utilização de tributo com efeito confiscatório, a situação é, no tocante à possibilidade ou não de supressão (ou criação de exceção) por reforma constitucional, em tudo semelhante. Trata-se de direito individual do contribuinte, previsto (assim como a anterioridade) como limitação constitucional ao poder de tributar, no mesmo artigo do texto constitucional que esta, e, por força do art. 5º, § 2º, da CF, se inclui entre os direito e garantias individuais que o art. 60, § 4º, IV, impede sejam objeto de emenda. Ademais, suprimi-lo ou excepcioná-lo implicaria, como veremos a seguir, também suprimir ou excepcionar outros princípios constitucionais para cuja aplicação concorre (sobretudo nos casos de colisão entre estes e outros princípios constitucionais), como o livre exercício de qualquer trabalho, ofício ou profissão (art. 5º, XIII), direito de propriedade (art. 5º, XXII) e o respeito aos valores sociais do trabalho e da livre iniciativa (art. 1º, III), claramente vedados à reforma constitucional.[151]

Ao que parece, apesar deste reconhecimento doutrinário, remanesce descumprida a posição jurídica da fundamentalidade, prejudicando o reconhecimento prático da norma do art. 150, IV, da Carta. Tal se reflete, pois, nos próprios critérios de segurança jurídica, justiça tributária[152] e justiça social, de modo que este reconhecimento é imprescindível às pretensões científicas e práticas futuras.

2.4. O critério quantitativo no exame do conceito do efeito confiscatório

É o momento de se enfrentar uma questão bastante importante nesta proposta de densificação da proibição de efeito confiscatório com parâmetro na dignidade da pessoa humana. Trata-se da revelação do uso, quase que exclusivo e permanente, do critério quantitativo, ou seja, matemático, de avaliação da ocorrência ou não do efeito de confisco, calculado tão somente em razão da propriedade e da renda

[150] DIFINI, op. cit., p. 62: "Questão a exsurgir é se, em nosso direito constitucional positivo, a vedação sob estudo constitui 'cláusula pétrea', ou seja, dispositivo cuja supressão é vedada por meio de emenda constitucional. Por primeiro, uma precisão. Usaremos aqui a expressão 'cláusulas pétreas' pela consagração de seu uso no direito brasileiro, embora haja procedentes críticas a esta terminologia. Acreditamos que se trata de matéria vedada ao poder constituinte derivado, por enquadrar-se na previsão do inciso IV do art. 60 da Constituição: 'direitos e garantias individuais'".

[151] Ibid., p. 63.

[152] VARGAS, op. cit., p. 104: "Resumindo: para se construir uma sociedade justa, a distribuição da carga tributária necessariamente haverá de ser justa. Uma sociedade justa com uma distribuição injusta é um paradoxo. Direito sem justiça faz parte do passado. O poder tributário é um instrumento de transformação da sociedade; com o pós-positivismo o direito tributário deixou de ser neutro. Mas a justiça deve estar associada com a segurança jurídica".

Existem diversos precedentes judiciais em outros países onde se mencionou, mesmo que indiretamente, uma avaliação qualitativa (direcionada à vida das pessoas), todavia, não aprofundada e sempre detraída pelo predomínio de uma avaliação quantitativa.

Na Argentina, a *Corte Suprema de Justicia de la Nación* (CSJN),[153] chegou a adotar um conceito restrito de confisco, evoluindo para critérios qualitativos[154] para, ao final, assumir o mesmo critério hoje vigente no Brasil, qual seja, o quantitativo, resumido no que chama de parâmetros objetivos:

> Em síntese, na Argentina a proibição de tributos com efeito confiscatório foi resultante de longa construção jurisprudencial, que deu interpretação ampla ao art. 17 da Constituição, cuja exegese literal só vedaria o confisco de natureza penal e as requisições militares. Embora com as alterações características das construções jurisprudenciais, fundadas na análise dos casos concretos e no pensamento a partir do problema, chegou ao estabelecimento de parâmetros objetivos de identificação de efeito confiscatório, ao menos em alguns tributos (especialmente sobre sucessões, imobiliário e contribuições de melhoria), construídos sobre *standart* de razoabilidade. Quanto aos dois primeiros, fixou-se no conhecido percentual de 33% sobre o valor dos bens herdados (imposto sobre sucessões) e na célebre fórmula sobre o resultado normal de uma exploração correta e razoável (impostos imobiliários).[155]

E é bastante impressionante que, *"la posibilidad de destruir que lleva en su entreña"*,[156] caracterizadora do tributo confiscatório, repita o mesmo sentido da célebre frase de Marshall quando afirma que *"the power to tax involves the power to destroy"*,[157] um depoimento que, a despeito das diferenças entre os sistemas jurídicos americano e latino-americano, retrata a universalidade pela busca do equilíbrio *na* e *da* tributação. O poder de tributar envolve o poder de destruir. Neste aforismo jurídico repousa a escolha do melhor critério.

Noutros países, como na Espanha,[158] o não confisco ora é uma garantia da propriedade privada, ora representa realização do valor justiça, mas sem que tenha a mesma conotação jurídica atribuída aqui no Brasil. E, no Brasil, revela que, na década de 50, o Supremo Tribunal Federal, pela lavra de Orozimbo Nonato, chegou a admitir o critério

[153] DIFINI, op. cit., p. 34.

[154] Ibid., p. 35.

[155] Ibid., p. 40.

[156] Ibid., p. 36.

[157] Ibid., p. 40-41.

[158] Ibid, p. 50: "A doutrina espanhola tem ora considerado a proibição de tributos com efeito confiscatório como uma reiteração do princípio de garantia da propriedade privada, ou, por outro lado, como realização do valor de justiça do sistema tributário; o que será objeto de consideração mais detida no próximo capítulo".

qualitativo, quando esse jurista afirmou que o "[...] poder de taxar não pode chegar à desmedida do poder de destruir [...]",[159] o que demonstra não apenas uma universalização dos estudos jurídicos pela comparação e assunção de ideias, mas, principalmente, pela constatação de que se vive um momento de involução, o próprio apego atual ao critério meramente quantitativo.

Infelizmente, hoje se utiliza o princípio da dignidade, indicativo de uma avaliação qualitativo-subjetiva, como recurso retórico apenas a preencher as linhas sentenciais.

Embora também adote o parâmetro quantitativo para encontrar a norma do art. 150, IV, da Constituição, deve-se inovar – colocando a questão à frente de seu tempo – quando da adoção do modelo hermenêutico de Robert Alexy,[160] aplicável numa lógica mais substancialista (judicial), em que se utiliza o princípio da razoabilidade[161] (a ser operada por doutrina e jurisprudência) para concretização do direito ao não confisco tributário:

> De forma geral, a doutrina liga a noção de efeito de confisco à razoabilidade, sustentando que o tributo terá efeito confiscatório quando seu *quantum* for irrazoável. O que falta é a mais exata caracterização do que consiste tal irrazoabilidade. Aqui, o estabelecimento da identidade entre meios e fins não é de grande auxílio para a solução da questão (o tributo sempre será meio adequado para alcançar o fim de carrear recursos para o Estado, fim que em si é legítimo e relevante). A proibição de utilização de tributo com efeito de confisco não é um mandamento *prima facie*, que possa entrar em conflito com outros, colisão a ser solucionada pela ponderação de meios e fins: por isto, o princípio da proporcionalidade, com sua estrutura formal, não se coaduna com a fixação do seu âmbito de aplicação. Mas o conceito indeterminado 'efeito de confisco' reclama concreção, que será feita com o emprego dos demais elementos do princípio da razoabilidade. Assim, um tributo será razoável e não terá efeito de confisco quando o *quantun* de sua exigência não for arbitrário, não atingir a moralidade na gestão pública, não representar grave lesão à equidade, for passível de justificação pela argumentação prática racional e de aceitação, ao menos, por ponderável parcela da comunidade. Tais requisitos, certamente, não são passíveis de precisa delimitação ou quantificação, mas, enquanto elementos qualitativos, oferecem parâmetros para concreção do conceito "efeito de confisco", à luz do princípio da razoabilidade, tal

[159] DIFINI, op. cit., p. 60.

[160] Sobre este tema ver: DIFINI, op. cit., p. 65-110.

[161] Ibid., p. 107: "A concreção (complementação do significado de conceitos jurídicos indeterminados) não se faz discricionariamente (para o que seria dificilmente sustentável a legitimidade dos órgãos jurisdicionais), mas deve se fundar em método racional, que extraia desta racionalidade sua legitimidade. No caso do 'efeito de confisco', trata-se de conceito que demanda concreção. Esta se fará com o auxílio do princípio da razoabilidade (norma que regula a aplicação de outras normas), especialmente no seu conteúdo de proibição de arbitrariedade, exigência de moralidade e equidade, justificabilidade à luz de argumentação prática racional e aceitação pela comunidade. Estes elementos auxiliarão a concreção, na sua aplicação jurisprudencial e doutrinária, do conceito indeterminado 'efeito de confisco'".

como foi construído nos sistemas jurídicos que o adotaram como instrumento principal de controle substancial da legislação e dos atos administrativos.[162]

Com isso, tenta-se solucionar o problema sustentado pela argumentação prática racional, nos termos da atividade jurisdicional, como acima indicado. Por isso, afirma-se que o princípio é norma de colisão[163] a ser confrontada com outros princípios e, assim, ponderada, resolvendo-se na dimensão de peso de cada um.[164]

Quase que a totalidade da doutrina brasileira assume o critério quantitativo, não obstante fazer menção a diversos postulados direcionados à dignidade da pessoa humana, especialmente quando menciona o direito a uma vida digna.

Vargas direciona a avaliação do critério qualitativo ao princípio da proibição do excesso, enquanto que o quantitativo é um desafio.

Refere que o "[...] limite qualitativo é facilmente identificado; basta dizer-se que é aquele que não respeita o princípio da proibição do excesso; já o quantitativo é um desafio; desafio este que é enfrentado no decorrer deste trabalho [...]".[165]

Mas a avaliação de qualidade é sempre subjetiva e, como tal, naturalmente mais difícil de ser realizada. Necessita do exame do caso concreto. Por isso, para se garantir o exame do caso concreto, há que se ter prévia e correta densidade normativa, estabelecendo-se parâmetros à avaliação.

O critério quantitativo é meramente matemático, não repercute mais do que o exercício das quatro operações matemáticas. Na soma de tributos que, por exemplo, cheguem a 50% da renda, identifica o efeito confiscatório. Ora, essa situação é uma "faca de dois gumes", pois deduzindo indiretamente o confisco, pode também não identificá-lo. Exemplo disso, quando operado em face de quem possui grandes fortunas, em determinada incidência tributária, não representará mais do que um irrisório valor pago ao fisco. Risível para o rico. O exame do efeito exige imbricação concreta, e não mera dedução. Existem zonas limítrofes, como afirma Berti, ainda problemáticas, donde remanescem dúvidas imanentes à definição do conceito de efeito confiscatório:

> Contudo, na zona limítrofe, à qual poderíamos também atribuir a denominação de cinzenta, é que ocorrem os problemas e são suscitadas as dúvidas inerentes à definição

[162] DIFINI, op. cit., p. 108.

[163] Ibid., p. 70.

[164] Ibid., p. 71.

[165] VARGAS, op. cit., p. 74.

do efeito confiscatório. De mais difícil elucidação é a questão referente a ser ou não, confisco a tributação mediante o mesmo Imposto sobre a Renda com base numa alíquota de 27,5% sobre o total dos rendimentos auferidos pelo contribuinte, deduzida a parcela de renda isenta, conforme definido pela legislação própria. Se é certo que uma alíquota de 50% sobre a renda é confiscatória e um outra alíquota, de 10% sobre tal renda, não tem o efeito de confisco, por outro lado é nebulosa a zona intermediária. É tarefa ingrata definir o parâmetro a partir do qual a tributação passa a ofender o direito de propriedade do contribuinte e até onde não tem tal caráter. A interpretação e definição de tal dúvida pode variar dependendo do agente responsável pela leitura e aplicação do dispositivo, conforme o período no qual seja feita a avaliação, conforme a situação do contribuinte referenciado, conforme o próprio contexto político, econômico e social vivenciado.[166]

Vargas também reconhece estas zonas limítrofes, denominando-as de zonas de incerteza sobre os níveis aceitáveis de tributação:

> Ao se interpretar o "efeito de confisco", certamente haverá zonas de certeza positiva e negativa, isto é, será fácil afirmar que uma alíquota de 1% sobre a renda líquida não gerará efeito de confisco, do mesmo modo que uma alíquota de 100% certamente o gerará.
>
> Ocorre, no entanto, que a zona de incerteza entre estes dois pólos será sempre muito ampla, não só pela dificuldade de se determinar em até que porcentagem seria aceitável a tributação de modo a não configurar efeito de confisco, como, sobretudo, pelo fato de que a alíquota nominal não é o único fator determinante da existência ou não do efeito de confisco.
>
> Dentro do que se denominou zona de incerteza, mostra-se patente o atrito ou a "oposição de valores", quando se confronta o interesse público de arrecadar e o interesse privado de manutenção de seu patrimônio e renda. Sabe-se haver uma inevitável invasão do interesse público no privado, à medida que a exigência de tributos sempre leva a uma diminuição do patrimônio ou da renda dos contribuintes. Contudo, não se pode admitir que a invasão ocorra em grau tão elevado que resulte em absorção do patrimônio, ou da renda do contribuinte.[167]

Castilho ladeia este pensamento quando, além de acatar o critério quantitativo, judicializa a solução do problema, o que retira a possibilidade de uma abertura sistemática a todos os atores sociais, aqui tidos como interessados em, participativamente, definir o conteúdo do princípio, uma afetação mais do que obrigatória aos Poderes Executivo e Legislativo, caso se adote uma corrente substancialista.

Para Castilho, "[...] a diferença entre um tributo legítimo, dentro dos limites constitucionais, e um outro confiscatório reside na *diferença de grau* em que é exigido [...] até certo limite quantitativo, o tributo é legítimo [...]".[168]

[166] BERTI, op. cit., p. 171-172.

[167] VARGAS, op. cit., p. 57.

[168] CASTILHO, op. cit., p. 103.

Mas legitimidade não equivale à justiça. Não andam necessariamente juntas. De toda a sorte, alinham-se ao seu pensamento aqueles de Antônio Roberto Sampaio Dória e Aliomar Baleeiro,[169] embora refira que este segundo autor reconheça (retoricamente) o efeito confiscatório quando impedido o exercício de atividade lícita ou moral, o que remonta à avaliação qualitativa. Também demonstra que Alfredo Augusto Becker e Aires Fernandino Barreto,[170] tendem ao critério quantitativo, enquanto que Paulo de Barros Carvalho encontra-se no caminho inverso, referindo sua busca pelo rumo axiológico[171] do art. 150, IV, da Carta.

Como se não bastasse essa situação, a partir da classificação dos impostos em *diretos* e *indiretos*, é de se reconhecer que, neste segundo caso, persiste intensa discussão jurídica a respeito dos excessos da carga tributária, razão em que o reconhecimento do efeito confiscatório da carga tributária é bastante possível. Mas esse tema será abordado somente no item 3.4, adiante. Bastando afirmar que os impostos indiretos contribuem razoavelmente bem, para o reconhecimento do efeito confiscatório, quando revelada sua quantificação no contexto da carga tributária.

2.5. O critério quali-quantitativo no exame do conceito do efeito confiscatório

Mas a adoção apenas do critério quantitativo não é garantia de execução de justiça fiscal ou, ao final, social, embora a doutrina jurídica reconheça uma vinculação do não confisco com um critério geral de justiça, o que é natural. Assim:

> A garantia do não confisco tributário, diante da amplitude que lhe deu a Constituição através da expressão "efeito de confisco", pode ser classificada como garantia de direito e também como garantia de justiça. [...] Já o não confisco como garantia de justiça ocorre quando o Fisco tributa sem observar os princípios da capacidade contributiva, da igualdade material, da moralidade, da razoabilidade, da proporcionalidade, da vedação do excesso ou da equidade.[172]

O critério quantitativo não pode ser ignorado. Na maioria dos casos, dada a solução jurídica voltada ao contingente das massas populacionais, a tributação em percentual elevado vai causar efeito con-

169 CASTILHO, op. cit., p. 80.

170 Ibid., p. 82-83.

171 Ibid., p. 83.

172 VARGAS, op. cit., p. 72-73.

fiscatório, determinando o contínuo ingresso de pessoas na ilicitude, pela perda, principalmente, da renda. Então, não deve ser ignorado.

Todavia, dadas as incertezas científicas e práticas sobre sua extensão, bem como pelo fato que não estar diretamente relacionado com o critério geral de justiça das relações, precisa ser aperfeiçoado. Motivo pelo qual sua união com um critério qualitativo representado pelo princípio da dignidade da pessoa, que incorpora as aspirações gerais do povo brasileiro, inclusive sendo amplamente reconhecido, densifica a norma, preparando-a para, posteriormente, ser concretizada e, talvez, gerar concordância prática, num elastério de sentido normativo, o encontro da justa normatividade.

A dignidade da pessoa humana, como uma qualidade que recicla e se replica, representa maior legitimidade e coerência para o sistema, atuando fortemente nos pressupostos da segurança e certeza jurídica, justiça fiscal e social. Normativamente, representa um viável estudo em prol da unidade constitucional a partir da justiça do sistema tributário,[173] como pretende Castilho, haurido em Antonio Agulló Aguero.

A ideia de se criar um novo critério, que ande junto em cada caso concreto, somando qualidade e quantidade na avaliação do efeito confiscatório, é uma proposta de criação de um novo paradigma de observação, todavia, representado numa tentativa de anterior densificação da norma, a ocorrer antes de sua concretização, ou seja, antes, especialmente (mas não exclusivamente) do império da jurisdição, devolvendo-se à sociedade em geral (Estado, sociedade civil, mercados, instituições) o poder de avaliação e decisão, nascido na ciência do Direito.

É uma tarefa republicana, fértil terreno para o desenvolvimento das políticas tributárias, como reconhece Castilho:

> Como forma de Governo, a República caracteriza-se por conferir os poderes supremos a uma coletividade de pessoas. A república (coisa pública) é de todos, em igualdade de condições. O governante e o parlamento devem representar a vontade do povo, verdadeiros titulares do poder político. No regime republicano e dentro de um autêntico Estado Democrático de Direito, os mandatos são *transitórios* e os governantes respondem por suas decisões, ao contrário dos estados autoritários e totalitários, em que o governante se perpetua no poder e age de acordo com seu arbítrio. O que torna possível a República é o sistema *representativo* e o regime *democrático*, cujas características principais são o voto direto, secreto, universal e periódico e os direitos e as garantias individuais. Em nossa Constituição, esses valores são tidos como *cláusulas pétreas* e não podem sequer ser objeto de deliberação de proposta de emenda constitucional tendentes a aboli-los, conforme consta do art. 60, § 4º, da Constituição da República de 1988. É dentro desse espírito republicano que deve ser vista a tributação

---

173 CASTILHO, op. cit., p. 85.

em nosso país. A exigência tributária só tem sentido em uma República se for para o bem de todos, como forma de garantir a prestação dos serviços públicos que o Estado está obrigado a fornecer. Num Estado Democrático de Direito, portanto, não há espaço para se utilizar tributo como pena, como se fazia em épocas mais primitivas. Conclui-se, dessa forma, que a vedação constitucional à utilização de tributo com efeito de confisco revela-se, também, num desdobramento necessário do princípio republicano adorado no art. 1º da Carta Política de 1988.[174]

Todavia, é importante ressaltar que esta argumentação prática racional atende mais às necessidades judiciais.

Ora, a instituição de um critério quali-quantitativo é voltada para a pessoa humana. Para sopesar sua vida. Para medir o quanto de imoralidade, de ilicitude se lança em sua vida e de sua família, por intermédio de uma carga tributária desequilibrada, que ainda privilegia minorias poderosas, e que não vem sendo bem utilizada no Brasil. Representa uma tributação constitucionalizada, normativa e dirigente, na qual refolgue o bem-comum. O traslado desta ideia pode parecer inaceitável para muitos observadores, ademais, quando permite uma maior reflexão em sede de interpretação dos fatos, dos princípios e das regras, onde nasce o risco da deturpação dos valores. Mas nem por isso pode ser negado seu exercício, sob pena de castrar uma última *ratio*, a própria liberdade de pensamento e expressão.

É um conceito fluído, cujo limite deve ser desvendado a partir da Constituição,[175] mas que não é identificável pela regra da subsunção do fato ao dispositivo, senão pelo auxílio de elementos extrassistemáticos (aplicáveis às hipóteses de conceitos vagos e abertos[176]), a partir do caso concreto:

> A vedação em questão tem valor de fundamentalidade no campo do direito constitucional tributário, sendo uma das justificações éticas do sistema jurídico tributário. Seu valor normogenético (no caso, na via negativa) é evidente: impede a criação de quaisquer normas que levem à utilização de tributos com efeito confiscatório. A norma em questão se caracteriza pela sua intensa abertura semântica e conseqüentemente elevado grau de vagueza, o que, por si só, impede a sua aplicação por subsunção, característica das regras. Não há como em operação *estritamente lógica*, menos ainda lógico-dedutiva, simplesmente constatar a ocorrência da hipótese de incidência da norma e então aplicá-la, subsumindo o fato ocorrido. Ela exige, para sua aplicação, *concreção*, ou seja, determinação de seu significado e alcance, só possível pela

---

[174] CASTILHO, op. cit., p. 88.

[175] DIFINI, op. cit., p. 30

[176] Ibid., p. 106: "As normas que contém conceitos jurídicos indeterminados não se prestam a esta operação *porque* sua premissa maior não pode ser simplesmente *identificada*. A linguagem vaga ou aberta que contém confere uma competência ao aplicador para, nos casos concretos, completar seu significado, pela consideração de elementos situados fora do sistema jurídico (extra-sistemáticos)".

consideração, pelo aplicador, de diversos elementos extra-sistemáticos, que auxiliarão a compreender seu âmbito e extensão de incidência. Só a reiteração da aplicação, pela avaliação de tais elementos extra-sistemáticos, a partir dos casos concretos, através do pensamento problemático (a partir do problema), e não lógico-dedutivo (a partir da premissa maior), levará à maior determinação de seu conteúdo e significado.[177]

Por primeiro, é preciso fixar parâmetros que inicialmente seriam qualitativos,[178] confirmando-se nos termos defendidos nesta proposta.[179]

É preferível acreditar que um encontro com a realidade fática dos homens tributados será mais frutífero para o ideal de justiça tributária. A justiça tributária, enquanto valor supremo da sociedade,[180] já se arvora como suficiente justificação à defesa de um critério quali-quantitativo incluído no princípio do art. 150, IV, da Carta, cuja existência se volta à transformação social.[181]

O aprimoramento da densidade do princípio contribui ao aperfeiçoamento das relações humanas e sociais, favorecendo o próprio critério da segurança jurídica, implicitamente decorrente do sobreprincípio do Estado de Direito, como adverte Leandro Paulsen.[182] E, na esteira do que pensa esse autor, garante o reconhecimento do direito válido, protege a liberdade, imuniza contra arbitrariedades, enfim, representa um instrumento de proteção do cidadão contra o alvedrio

---

177 DIFINI, op. cit., p. 76.

178 Ibid., p. 256: "Por primeiro, é preciso fixar parâmetros, que, inicialmente qualitativos, deverão atingir paulatinamente definições quantitativas do que significa utilizar tributos com efeito de confisco, para possibilitar a aplicação efetiva da norma em questão e sua atuação como norma (de colisão) destinada a solucionar conflitos entre princípios objeto de proteção constitucional".

179 Ibid., p. 256: "Logo, a solução só pode ser jurisprudencial, mais precisamente de jurisdição constitucional, precipuamente confiada ao Tribunal Constitucional, independente das respectivas variações de composição, formato e competências (no caso brasileiro, o Supremo Tribunal Federal)".

180 Tal como consta do Preâmbulo da Constituição da República Federativa do Brasil.

181 VARGAS, op. cit., p. 23: "A Constituição Federal da primavera de 1988 não veio para manter nossa sociedade como estava, mas sim, para transformá-la. Transformá-la buscando a realização da justiça, da solidariedade e da diminuição das desigualdades, fazendo a opção pela *'lógica das realidades'* e não pela *'lógica das palavras'*, conforme Bonavides (1994), fazendo remissão a Th. Manson Brandeis. Até porque, segundo a lúcida lição de George Ripert *apud* Paulo César Bária de Castilho (2002, p. 47), *'quando o Direito ignora a realidade, esta se vinga, ignorando o Direito'*".

182 PAULSEN, Leandro. *Segurança Jurídica, Certeza do Direito e Tributação*. A concretização da certeza quanto à instituição de tributos através das garantias da legalidade, da irretroatividade e da anterioridade. Porto Alegre: Livraria do Advogado, 2006, p. 39: "O princípio da segurança jurídica decorre implicitamente do sobreprincípio do Estado de Direito, tendo em conta o resguardo que este implica à esfera individual no sentido de garantir o reconhecimento de qual seja o direito válido, de proteger a liberdade, de imunizar contra a arbitrariedade e de assegurar o acesso ao Judiciário, dentre outros tantos direitos e garantias já arrolados".

do Estado,[183] como assume Berti, e deve ser objeto de estudo da ciência do Direito.[184]

É possível crer que este aprimoramento do fenômeno da densificação das normas, na busca de seu sentido social, como aqui se pretende em sede de políticas tributárias de inclusão social, embora defendido num ambiente em que o direito integra um sistema aberto, portanto, complexo, ainda assim é capaz de atuar coadunado com o critério de segurança jurídica, isto porque conta com o império da Constituição como norma matriz garantidora de uma sempre possível concordância prática.

Utilizando-se o pensamento de Norberto Bobbio, aqui haveria um objeto de trabalho voltado ao cumprimento dos três aspectos do ordenamento jurídico, associando aos elementos de unidade e coerência aquele que designa de "completude",[185] representante da propriedade pela qual o ordenamento tem norma para regular o caso concreto.

Então, o sentido da norma é plenamente possível no ambiente em que o Direito Tributário brasileiro vige, no qual se instala uma República Federativa que assume o sistema capitalista, mas explicitamente prevê uma função social constantemente em construção.

É despiciendo referir a problemática do desenvolvimento brasileiro – verbo sempre conjugado pelas pessoas como que representando um constante porvir – todavia, tal estado das coisas é que condiciona a elaboração de um novo critério para o estabelecimento do confisco tributário. E talvez o confisco se dilua no ambiente socioeconômico sem sua devida percepção, como que anterior, quase eterno, na vida das pessoas. Isso fatalmente o torna imperceptível, pois não se discute

---

183 BERTI, op. cit., p. 168: "Ora, vez mais a Constituição dirigiu-se ao legislador ordinário da União, dos Estados-membros, do Distrito Federal e do Município, vez que a norma instituída no art. 150, IV da CF/88 não tem como destinatário obviamente o contribuinte, senão que o titular da competência, do poder, da autorização para criar tributos: aquele que faz a lei. Este não poderá de modo algum, nos termos do que resta claro da disposição constitucional referenciada, criar um tributo, qualquer que seja ele, de forma tal a confiscar a propriedade do particular".

184 CASTILHO, op. cit., p. 73: "Sabemos, contudo, que a Ciência Jurídica deve dar uma resposta mais concreta ao presente tema em estudo, uma vez que não podemos somente postergar a solução dos problemas que surgem a partir da aplicação do art. 150, inc. IV, da Carta da República de 1988 à análise de cada caso concreto, deixando tal responsabilidade apenas ao Poder Judiciário quando de suas decisões. Devem ser delineadas as linhas mestras gerais, orientando o caminho a ser seguido na resolução desses conflitos, como será visto mais adiante".

185 BOBBIO, Norberto. *Teoria do Ordenamento Jurídico*. Tradução de Cláudio de Cicco e Maria Celeste Cordeiro leite dos Santos. Brasília: Editora Universidade de Brasília, 1989, p. 115: "Examinamos nos dois capítulos anteriores dois aspectos do ordenamento jurídico: a unidade e a coerência. Falta-nos considerar uma terceira característica que lhe é normalmente atribuída: a *completude*. Por 'completude' entende-se a propriedade pela qual um ordenamento jurídico tem uma norma para regular qualquer caso".

a eventual ligação entre a pobreza/marginalização com o excesso de tributação (de efeitos diretos e indiretos).

Tomando-se tal raciocínio, basta que se faça alusão aos diversos *indicadores sociais*[186] que apontam para a realidade brasileira, ao descreverem matematicamente as condicionantes fáticas da vida pessoal e familiar, donde podem e devem emergir as avaliações subjetivas sobre vida digna, por exemplo, diante da vedação do art. 150, IV, da Constituição.

Os indicadores sociais de pobreza, marginalização, desigualdade, criminalidade, enfim de diversos aspectos da exclusão social, medem quali-quantitativamente o efeito confiscatório brasileiro. Por isso, merecem reconhecimento integrando a pesquisa da comunidade jurídica especializada, para o aprimoramento de institutos e instrumentos jurídicos nacionais.

[186] A avaliação qualitativa ocupa-se, também, de indicadores sociais, que são instrumentos utilizados para o registro de informações sociodemográficas fixadoras dos dados estatísticos da realidade social, por exemplo, de um país ou região. Em sentido prático, coletam-se os dados comunitários, resumindo-os em tabelas, gráficos e demais registros indicativos, de forma sistematizada a fim de contribuírem para a compreensão dos problemas de vida, subsidiando as políticas públicas de enfrentamento da exclusão social. Exemplificativamente, têm por objetivo a expectativa de vida, taxa de mortalidade, taxa de analfabetismo, qualidade de vida, acesso ao consumo e educação, entre outros fatores, ou seja, permitindo e garantindo acesso aos fatos numa imbricação muito superior ao mero reconhecimento da lei, na sua efetividade (eficácia social). No Brasil, o IBGE (Instituto Brasileiro de Geografia e Estatística) constitui-se num dos principais órgãos realizadores desta importante atividade. Na rede mundial de computadores, disponibiliza tais indicadores no seguinte sítio: <http://www.ibge.gov.br/home/mapa_site.phd#população>.

3. Vedação de tributos com efeito confiscatório e dignidade da pessoa humana: um ambiente para a gestão de políticas públicas tributárias de inclusão social

Depois de apresentada uma posição jusfilosófica sobre a dignidade da pessoa humana, no sentido de realçar sua importância e, obrigatoriamente, indicá-la como matriz de sustentação, ou seja, de efetivação dos direitos dos homens, direciona-se o estudo especificamente para o princípio da vedação de confisco tributário associado ao da dignidade da pessoa humana.

Neste segundo tema, o sentido buscado foi o de demonstrar sua tradicional e, talvez, rasa significação jurídica quanto ao próprio conteúdo semântico de sua norma positiva, especialmente pelo apego exclusivo ao padrão quantitativo de observação desse conteúdo, não obstante tratar-se de direito fundamental.

Mas o estudo relacional de ambos os princípios no ambiente que gestiona políticas públicas tributárias, na verdade, apresenta-se como a principal contribuição deste estudo. Na tentativa de imbricar um com o outro, atingisse o desiderato maior de abrir uma discussão científica minimamente adequada e um tanto mais direcionada a um novo enfrentamento para o direito tributário.

Procura-se fugir de um discurso sectário, especializado, para somar novos valores (já existentes) no âmbito do Direito Constitucional, contribuindo para a ideia de implementação de um Direito Tributário-Constitucional brasileiro, voltado à inclusão social. No entanto, como referido desde a introdução, melhor situado na teoria da norma, distante, ainda, da teoria da interpretação,[187] que seguramente exigiria outros contornos ao pensamento.

[187] CARNELUTTI, Francesco. *Metodologia do Direito*. Tradução de Frederico A. Paschoal. 3. ed. Campinas: Bookseller, 2005, p. 39: "A interpretação, que é atividade primorosamente intelectiva,

Para que se entenda este sentido pretendido, colhe-se a lição de Marcello Baquero e Jussara Reis Pra:

> Uma das explicações para o lento avanço na busca de novas propostas teóricas é a tenacidade, particularmente da Ciência Política, com a qual grande parte da intelectualidade brasileira tem aderido a linhas estabelecidas de análise, gerando um conhecimento que meramente reproduz normativamente modelos descontextualizados para a nossa realidade. Nesse processo, produz-se um conhecimento reativo (estamos sempre reagindo ao que vem de fora), restando pouco tempo esforço para pensar caminhos alternativos para incorporar o novo ou o não antecipado. As continuidades paradigmáticas externas são valorizadas em detrimento de descontinuidades típicas de sistemas políticos com histórias e culturas diferentes. É preciso uma teoria da descontinuidade para se contrapor as teorias normativas da predição e de estabilidade. Por exemplo, as recentes descontinuidades na América Latina são: O movimento de Chiapas no México; O Movimento dos Sem Terra no Brasil; O Movimento Indígena em vários países andinos como a Conaie equatoriana; o declínio das instituições políticas como pontos de referência de construção de identidades coletivas, o surgimento de novas modalidades de participação social e política e a busca de mecanismos que consolidem um empoderamento emancipatório dos cidadãos.[188]

Este estudo foge um pouco do processo de produção de um conhecimento reativo, escapando às linhas de pesquisa preestabelecidas. Relaciona-se mais à teoria da descontinuidade de que falam estes autores, contrapondo-se às teorias da predição e de estabilidade, cujos fundamentos se encontram fortemente vinculados à ideia de repetição/reprodução sistemática de postulados e mais postulados, no caso, da doutrina jurídica vigente. Não que inexista lugar para as certezas herdadas do passado. Não é isso. Não se defende o abandono a tudo o que já se produziu. Pelo contrário, talvez esta capacidade de libertação decorra exatamente das contribuições até hoje envidadas. E é bem provável que a possibilidade de criação de novos entrelaçamentos temáticos seja fruto de tudo o que já se viveu. A própria prova material e inconteste do acerto científico até agora vivido.

Justificando o título deste livro, as reflexões teóricas têm o sentido de relacionar a dignidade da pessoa humana, no peso de sua carga valorativa, com a vedação ao tributo confiscatório, ainda vago e impreciso, todavia, mediante indissociável associação com outros institutos jurídicos e políticos tidos como capazes de oferecer o sentido definitivo da explicação.

---

deve se colocar desde o ponto de vista do método na fase da descoberta, não na elaboração dos dados; e assim fica clara a razão que compele não só ao operador, mas ao cientista do Direito, a interpretar".

188 BAQUERO, Marcello; PRA, Jussara Reis. *A Democracia Brasileira e a Cultura Política no Rio Grande do Sul*. Porto Alegre: Editora da UFRGS, 2007, p. 14-15.

Ora, o risco parece ser evidente. Propor uma aproximação (reflexão teórica) entre ambos os princípios num contexto temático que envolve Estado, sociedade, democracia participativa, políticas públicas tributárias, pode ser uma tarefa difícil e inatingível. De toda sorte, neste terceiro capítulo, apresentar-se-ão, minimamente, estas relações. Nele, serão parametrizados os dois princípios, será examinada sua relação ambivalente, segundo a necessidade de construção coerente de um "estatuto do contribuinte",[189] com vistas à densificação semântica (quali-quantitativa) da vedação ao confisco tributário, sempre voltada à ideia de construção de uma justiça fiscal distributiva estruturante, que atenda, em última instância, às aspirações desenvolvimentistas do Estado brasileiro.

Para tanto, duas das contribuições que podem ser trazidas pela ciência do Direito ainda residem nos critérios da segurança e certeza jurídica (apesar de muito questionados),[190] constantemente redescobertos pelos operadores e sempre direcionados à administração das relações humanas em busca da paz e bem-estar social.

Tais critérios, então, não se chocam com aqueles postulados de densificação, concretização e concordância prática da norma constitucional, como ensina Canotilho, pois o conceito de Estado Constitucional passa pela ideia de que "[...] a constituição é uma lei proeminente que conforma o Estado [...]",[191] donde se retira sua própria força jurídica dirigente (onde residem segurança e certeza jurídica como propostas solucionadoras das relações humanas).

Tendo em vista a opção metodológica de procedimento, cada tema será enfocado segundo o pensamento especializado de determinados autores, sem prejuízo da integração de vários outros, cujos ensinamentos abalizam direta ou indiretamente os argumentos aqui lançados. Específicos autores – além de representarem o necessário referencial teórico obrigatório – permitem o exame tópico do que aqui se denominará de pressupostos teóricos à reflexão, previamente definidos como apenas três, mas cuja elaboração depende, evidentemente, de muitos outros não explicitamente mencionados, todavia, também defendidos.

---

189 Expressão cuja significação e sentido serão apresentados no item "3.1".

190 LEAL, Rogério Gesta. *Perspectivas Hermenêuticas dos Direitos Humanos e Fundamentais no Brasil*. Porto Alegre: Livraria do Advogado, 2000, p. 201: "Se para o Estado liberal o valor democrático fundamental seria a certeza jurídica, a segurança política, para o modelo do Estado intervencionista, o valor democrático fundamental seria a equidade, coerente com sua vocação distributiva. Para o atual Estado Brasileiro, embora a segurança jurídica continue sendo importante, o valor fundamental é a subjetividade do indivíduo frente ao Estado e frente aos demais indivíduos, todavia, fundada na indiferença com os aspectos materiais da desigualdade real que distingue, drasticamente, as pessoas".

191 CANOTILHO, op. cit., p. 88.

3.1. A construção coerente do Estatuto do Contribuinte: o primeiro postulado teórico à reflexão

Humberto Ávila publicou artigo intitulado "Estatuto do Contribuinte: Conteúdo e Alcance", donde se retira uma expressão e um interesse específicos ao presente trabalho. Trata-se do Estatuto do Contribuinte. Já na primeira fala definiu a expressão Estatuto do Contribuinte, dizendo o seguinte:

> A expressão "Estatuto do Contribuinte" denota um conjunto de normas que regula a relação entre o contribuinte e o ente tributante. Sua utilização possui conotação tanto *garantista* dos direitos dos contribuintes quanto *limitativa* do poder de tributar.[192]

A amplitude da expressão já se verifica de início. E o autor indica significar a garantia dos direitos dos contribuintes e a limitação ao poder de tributar, o que constata a benéfica ampliação daquele signo, especialmente se levado em conta o objetivo deste estudo. É que tal explicação termina por abarcar o disposto nos artigos 1º, III, e 150, IV, ambos da Constituição Federal, exatamente nos termos do aqui proposto. O estudo tem o mesmo sentido emprestado pelo autor, quando remete a pesquisa à construção de um Estatuto do Contribuinte voltado à satisfação dos interesses de toda a sociedade brasileira, querendo dizer Estado-administração, sociedade civil e mercados.

E, quando examina o Estatuto do Contribuinte, refere causar-lhe espanto falar sobre o tema no Direito brasileiro, por identificar "[...] um descompasso entre aquilo que é previsto pelo direito positivo e aquilo que é descrito pela doutrina e concretizado pela jurisprudência [...]".[193] Ora, essa afirmação de Ávila é pertinente, aliás, o debate aqui encetado, exemplificativamente, prova a assertiva do autor visto que é flagrante o descompasso entre o conteúdo semântico emprestado pela doutrina e pela jurisprudência à norma do dispositivo do art. 150, IV, da Constituição, e aquele decorrente da aplicação da teoria dos direitos fundamentais, devidamente associada ao princípio da dignidade da pessoa humana do art. 1º, III, também da Carta Magna.

O dispositivo do art. 150, IV, apresenta uma indicação flagrantemente direcionada a uma avaliação (também) qualitativa do confisco tributário. Este é o sentido semântico para densificação da norma e posterior concretização, quiçá gerar concordância prática. Todavia, em sentido inverso, quase cego, se admitido o abuso na acusação,

---

[192] ÁVILA, Humberto. Estatuto do Contribuinte: Conteúdo e Alcance. *Revista da Associação Brasileira de Direito Tributário*, Ano III, nº 9, set/dez, 2000, p. 73 (p. 73-104).

[193] Ibid., p. 74.

doutrina e jurisprudência têm insistido em outorgar-lhe mera densificação quantitativa (matemática).

Conforme ficou evidenciado no capítulo anterior, houve um retrocesso quando da densificação e concretização do princípio da vedação do confisco tributário, mesmo quando ainda era um princípio implícito. Passou-se de uma avaliação que incluía o critério da qualidade como definidor do efeito de confisco para o critério da mera quantidade (matemática de percentuais), fato que persiste até os dias atuais. As referências às avaliações subjetivas e à aplicação do princípio da dignidade da pessoa humana não passam de argumentos retóricos, usados indistintamente e sem qualquer representação semântica ou significação razoável à densificação ou concreção da norma do não confisco tributário (dotado de conteúdo semântico polissêmico), que tenha caráter efetivamente jurídico.

Ávila trabalha demonstrando adequação aos postulados apresentados por Canotilho, assim como Sarlet. O que demonstra a adequação dessa sua ideia às representações aqui envidadas. Veja-se:

> De um lado, a análise da Constituição Brasileira de 1988 revela uma enormidade de dispositivos que servem como pontos de partida exatamente para garantir os direitos dos contribuintes e para limitar o poder de tributar: princípios, direitos e garantias fundamentais, princípios tributários, definição de espécies tributárias e extensas regras de competência. De outro, o exame da doutrina põe a descoberto tanto a circunscrição de sua atividade, com notáveis exceções, à mera *descrição* do ordenamento jurídico, quanto sua dificuldade em constituir o conteúdo semântico daquelas normas jurídicas por ela própria qualificadas de fundamentais – os princípios jurídicos; e o estudo da jurisprudência manifesta a ineficácia dos direitos fundamentais enquanto normas protetoras dos direitos dos contribuintes e dos princípios fundamentais como normas limitadoras do poder de tributar.[194]

E, como referido, o autor responde tal disparidade visando à construção do Estatuto do Contribuinte. Seu raciocínio permite questionar os motivos da não utilização da qualidade de direito fundamental e da dignidade da pessoa humana, na proposta mínima de densificação da vedação de tributo confiscatório, transbordando os parcos limites hoje defendidos, já que é "[...] desacertada, pois, afirmação de que o sistema tributário se resume aos artigos 145 a 162 da Constituição de 1988 [...]".[195] Não é assintomática a afirmação teórica

---

[194] ÁVILA, op. cit., p. 74.

[195] Ibid., p. 76. Embora Ávila mencione o princípio da vedação ao efeito confiscatório, em seu texto não chega a aprofundar tal exame, senão apenas para visualizá-lo num *Quadro Ilustrativo dos limites fundamentais à tributação.* (p. 97).

que esgrima a defesa de um sistema[196] jurídico aberto (não no sentido teórico defendido por Niklas Luhmann), que se opera em convergência também sistêmica,[197] acabando por revelar a unidade (estatal) de forma duradoura e constantemente renovada que se converte no próprio Estado[198] (administração e sociedade), revelando-se, assim, a legitimidade e o interesse dos homens numa só voz.

Então, a construção coerente de um Estatuto do Contribuinte, que esteja de acordo com os fundamentos e objetivos da República, ou seja, esgrimada por intermédio dos preceitos constitucionais, deve arvorar-se de modo sistemático, permitindo a oxigenação entre as diversas normas (princípios e regras) da Constituição, como um verdadeiro sistema aberto que promova, ao final, a unidade nacional em prol do desenvolvimento.

Para isso, o sistema tributário nacional deve ser interpretado com mobilidade e abertura para a integração de suas normas, quando da busca de seu sentido. E dignidade da pessoa humana pode dar sentido qualitativo para a vedação de tributos confiscatórios.

Sobre o tema, Ávila acaba admitindo tal abertura sistemática, mencionando o seguinte:

> Assim analisada a questão, determinadas características atribuídas ao sistema tributário brasileiro – rigidez e exaustividade – merecem maior atenção. O sistema tributário é qualificado como *rígido*, porque as principais normas da tributação, estando previstas na própria Constituição, ou não podem ser modificadas, se consideradas como garantias fundamentais (art. 60, § 4º), ou exigem um procedimento parlamentar específico, mais complexo do que o previsto para a alteração da legislação ordinária; e como *exaustivo*, porque a própria Constituição esgota todas as questões relativas aos princípios tributários e às regras de competência. O sistema tributário até pode ser qualificado de rígido, se e enquanto a rigidez indicar tão só o procedimento mais

---

196 RODRIGUES, Hugo Thamir. Retalhos de Um Sistema: Panorama da Divisão Territorial Brasileira. *Revista do Direito*, Santa Cruz do Sul, nº 5/6 (jan./dez. 1996): Editora da UNISC, 1996, p. 69 (p. 47-72): "Assistindo ao filme 'Ponto de Mutação', marcou-nos a fala de um personagem, quando o mesmo dizia que ninguém é uma ilha, mas sim, que todos fazem parte do continente. Acreditamos que a visão do mundo através da Teoria dos Sistemas é a única forma possível para o encontro de soluções sólidas e permanentes para a vida em sociedade".

197 SARLET, 2007, p. 85.

198 STERN, Klaus. *Derecho Del Estado de La Republica Federal Alemana*. Madrid: Centro de Estudios Constitucionales, 1987, p. 113: "En este sentido existe hoy un acuerdo general sobre el concepto de Derecho del Estado en la ciência del Derecho del Estado. Se trata por lo general de aquellas normas que de forma identica o semejante aprehenden y ordenan el funcionamiento del Estado desarrollado en el interior en sus principios fundamentales, en su organización esencial y en su relación básica con el ciudadano. De este concepto no se aparta en el fondo la teoria de la integración de R. Smend, que define el Derecho del Estado de la manera seguiente: la totalidad de instituciones y funciones 'a través de las cuales se fundamenta y se expresa la voluntad del Estado como unidad', es decir, a través de las cuales el Estado se integra para convertirse en unidad de forma duradera y constantemente renovada".

> complexo exigido para sua alteração; de exaustivo, desde que isso demonstre que o intérprete deve construir todas as soluções a partir do sistema constitucional externo. Entender rigidez como imobilidade das relações internormativas e exaustividade como pré-determinação absoluta do sentido normativo pelos dispositivos constitucionais será misturar, uma vez mais, o termo inicial com o final.[199]

Por isso, o autor atesta a necessidade de que o Estatuto do Contribuinte deve ser coerentemente construído. Trata-se, pois, da abertura sistemática que gera a unidade. Assim, admitida está a possibilidade de se parametrizar aqueles prefalados princípios, tema em seguida tratado quando da tentativa de se buscar sentido qualificado para a proibição do confisco tributário, numa autêntica significação positivo[200] da limitação constitucional ao poder de tributar, juridicizando não apenas a forma, mas, também, o conteúdo da tributação.[201] Eis que sempre resta afetada a dignidade do homem, quando da instituição da relação obrigacional tributária, dada a restrição jurídica que gera. Veja-se:

> A concretização da relação obrigacional tributária restringe a esfera jurídica do homem, afetando-lhe indiretamente a dignidade individual e familiar, a disponibilidade jurídica acerca dos direitos de propriedade e de liberdade. São justamente esses fins relativos à garantia de condições de possibilidade de desenvolvimento da dignidade humana, da propriedade e da liberdade que o Estado, exatamente por ter de preservá-los, não os poderá excessivamente restringir por meio da tributação.[202]

A aproximação entre dignidade da pessoa humana e proibição de tributos confiscatórios será feita noutro momento, especialmente quando da proposta de densificação deste. Importa referir preliminarmente a existência de uma vinculação entre ambos e que supera a lógica meramente discursiva.

Esse sentido axiológico encetado recomenda um caminho para a tarefa interpretativa, gerando, inclusive, consequências práticas quanto à tributação somente de rendas disponíveis, como atesta o autor, donde, "Despesas indispensáveis à manutenção da dignidade humana e da família devem ser excluídas da tributação".[203]

Ressalte-se que o presente trabalho não trata de defender diretamente a prevalência de normas, regras, princípios ou dispositivos (ampliando-se os termos em benefício da certeza) nos quais a pretensão

---

199 ÁVILA, op. cit., p. 76.

200 Ibid., p. 78.

201 Ibid., p. 80.

202 Ibid., p. 80.

203 Ibid., p. 86.

de eficácia de uma norma restringiria a eficácia mínima[204] da outra. Não. O fenômeno enfrentado na pesquisa ainda é o da busca de critérios para densificação da norma do art. 150, IV, da Constituição, sem jamais se perquirir os deveres sociais/estatais de subsistência do Estado (com função) Social que se pretende efetivar no Brasil, resumindo aqui a ideia de implementação dos objetivos previstos no art. 3°.

Veja-se a unidade do sistema. A vedação de tributo com efeito de confisco é direito fundamental a teor do que dispõe, especialmente, o Título II da Carta Magna. Razão pela qual, excessiva exigência do Poder Público poderá ser declarada até mesmo inconstitucional, por dificultar o pleno exercício do direito fundamental, ou seja, depois de examinada a pretensão de eficácia de uma norma:

> No julgamento do Recurso Extraordinário n. 18.976, prolatado em 02 de outubro de 1952, o Supremo Tribunal Federal estabeleceu que uma exigência do Poder Público pode vir a ser declarada inconstitucional, por excessiva, sempre que sua aplicação dificultar o pleno exercício de um direito fundamental.[205]

Assim, por um lado, a construção coerente do Estatuto do Contribuinte reconhece que, em algum momento, impõem-se limitações ao poder de tributar. Todavia, assegurado o reconhecimento de que o Brasil (povo e administração pública) é um país de economia capitalista, mas constitucional e definitivamente vinculado às políticas públicas de inclusão social, deverá respeitar sobremaneira, com boa dose de atenção e sensibilidade, o dever fundamental de pagar tributos, parafraseando-se José Casalta Nabais. Não obstante ter sido enfrentada a ideia de controle das ações estatais pelas duas vias, garantia dos direitos dos contribuintes e limitações ao poder de tributar, há que se defender a preservação do dever fundamental de pagar tributos,[206] seguindo-se, assim, os postulados teóricos justificadores produzidos por Nabais.

Primeiramente, a proteção à eficácia mínima da norma, conforme assim tratado por Ávila, parece estar contida na própria identificação e instrumentalização do princípio técnico da praticabilidade[207] da tributação, conforme define Nabais, tendo em vista a necessidade de execução eficaz e econômica ou eficiente da lei, o que, por si só, prevê aquela eficácia mínima.

---

[204] ÁVILA, op. cit., p. 86-87.

[205] Ibid., p. 87.

[206] Optou-se pela utilização do termo "tributo(s)", ao invés de "imposto(s)", em favor da generalidade de espécies tributárias que são contemplados no Direito Tributário brasileiro, evitando-se, assim, confusões sobre a inclusão ou exclusão desta ou daquela espécie tributária.

[207] NABAIS, José Casalta. *O Dever Fundamental de Pagar Impostos*: Contributo para a compreensão constitucional do estado fiscal contemporâneo. Coimbra: 2004, p. 620.

Ao registrar que a doutrina constitucional contemporânea esqueceu-se do tema dos deveres fundamentais,[208] Nabais tratou imediatamente de lançar mão da ideia de uma relação de tensão entre o poder,[209] antecipando, assim, sua construção direcionada (entre outros temas) às relações dos deveres fundamentais entre si,[210] o que sustentará o próprio conteúdo de ambivalência dos princípios vergastados, oportunamente examinado.

Mas, agora, importa trazer à colação que a construção coerente de um Estatuto do Contribuinte, dada a realidade brasileira, passa pela ideia de equilíbrio alcançado pelo razoável entendimento sobre o dever fundamental de se pagar tributos. Direitos e limitações tributárias só encontrarão guarida no adequado tensionamento de poder que emerge do natural dever de pagar tributos, sob pena de inviabilidade do sistema.

Nabais antecipa a necessária definição do dever de pagar tributos, quando define os deveres fundamentais como deveres jurídicos do homem e do cidadão:

> Nestes termos, podemos definir os deveres fundamentais como deveres jurídicos do homem e do cidadão que, por determinarem a posição fundamental do indivíduo, têm especial significado para a comunidade e podem por esta ser exigidos. Uma noção que, decomposta com base num certo paralelismo com o conceito de direitos fundamentais, nos apresenta os deveres fundamentais como posições jurídicas passivas, antónomas, subjectivas, individuais, universais e permanentes e essenciais.[211]

Além da especificação dos deveres fundamentais como posições jurídicas passivas, autônomas, subjetivas, individuais, universais, permanentes e essenciais, Nabais deixa evidente o lastro de sua atuação e, bem assim, a possibilidade de sua exigência pela comunidade.

Ora, a designação dos titulares[212] (comunidade, coletividade, categorias ou grupos e o próprio destinatário) e destinatários[213] (pessoas físicas, estrangeiros ou apátridas e pessoas coletivas) de que se ocupa, acaba fixando a própria extensão daquele dever fundamental, como uma obrigação que se dilui socialmente e exige a garantia de contribuição de todos, não apenas no sentido fiscal, mas também

[208] NABAIS, op. cit., p. 15.

[209] Ibid., p. 16.

[210] Ibid., p. 131.

[211] Ibid., p. 64.

[212] Ibid., p. 101.

[213] Ibid., p. 106.

extrafiscal,[214] excetuadas as diferenciações lançadas pelo autor nesta temática. Esta conclusão se acentua de forma induvidosa, quando Nabais caracteriza o estado fiscal social, ideia aplicável à hipótese brasileira, dados os fundamentos e os objetivos da República:

> [...] o estado fiscal tem sido (e é) a característica dominante e permanente do estado (moderno), não obstante a sua evolução traduzida na passagem do estado liberal para o estado social. Por isso e ao contrário do que alguma doutrina actual afirma, recuperando ideias de J. Schumpeter, não se deve identificar o estado fiscal como estado liberal, uma vez que aquele, no entendimento que dele temos, conheceu duas modalidades ou dois tipos ao longo da sua evolução: o estado fiscal liberal, movido pela preocupação de neutralidade económica e social, e o estado fiscal social economicamente interventor e socialmente conformador. [...] O segundo, movido por preocupações de funcionamento global da sociedade e da economia, tem por base uma tributação alargada – a exigida pela estrutura estadual correspondente.[215]

Sem dúvida, as preocupações brasileiras alinham-se com o modelo de Estado Fiscal (com função) Social, motivo pelo qual, a despeito das várias designações atualmente utilizadas, aqui o Estado brasileiro será assim identificado, em consonância com o mínimo de subsistência estadual,[216] eis que "[...] ele tem de poder impor e cobrar os impostos necessários ao cumprimento daquelas tarefas que, independentemente do tempo e lugar, indiscutivelmente lhe correspondem [...]".[217]

Trata-se do exame do Estado Fiscal Social como limite, ou seja, minimamente necessário em relação a cada diretriz constitucional, o que, no Brasil, é fator determinante daquela afirmação e amplitude conceitual. O que se pretende evitar é a conceituação equivocada desta intervenção estatal mínima. Dada a conjuntura jurídica, política e social brasileira, esta atitude exige, na verdade, grande intervenção voltada ao desenvolvimento social, econômico e humano, frente às necessidades e demandas sociais e individuais.

Então, a construção coerente do Estatuto do Contribuinte que se pretende instalar no Brasil, aqui enquanto primeiro postulado teórico à reflexão, vem embasada na ideia de equilíbrio constante entre o dever fundamental de pagar tributos e implementar as ações públicas

---

[214] NABAIS, op. cit., p. 226: "Quanto à finalidade ou elemento teleológico do imposto, refere actualmente a doutrina que ele tem uma função instrumental, justamente para nele integrar os fins extrafiscais. Contudo, como é fácil de ver, o imposto sempre assumiu uma tal função, uma vez que ele não constitui um fim em si mesmo, antes é um meio, um instrumento de realização das tarefas (finais) do estado".

[215] Ibid., p. 193-194.

[216] Ibid., p. 216.

[217] Loc. cit.

transformadoras, e os direitos do contribuinte às limitações tributárias. É, pois, uma conscientização inderrogável.

3.2. Estado, sociedade e democracia participativa: o segundo postulado teórico à reflexão

Já se disse que como método de interpretação o trabalho não avança significativamente. Além da posição inicial de Canotilho, sobre o tema há uma inclinação também voltada ao culturalismo constitucional de Peter Häberle, para quem a dignidade também é premissa que deriva da cultura de um povo,[218] inclusive, na linha de pensamento de Mônia Clarissa Hennig Leal.[219] Mas o texto não escapa dos domínios da lógica procedimentalista habermasiana sabidamente defendida, por exemplo, por Rogério Gesta Leal.[220] É que ambas as lógicas não se excluem, se integram, como explica Hennig Leal:

> [...] se ambos os aspectos são essenciais para se perceber a democracia, tanto a participação efetiva por meio de procedimentos como os conteúdos materiais precisam ser objeto de apreciação por parte das Cortes Constitucionais, especialmente se considerar que o seu principal vínculo reside no seu compromisso para com a Constituição e para com a democracia. Tem-se, por conseguinte, nesta perspectiva, diante do exposto, que "substancialismo" e "procedimentalismo", conforme já dissemos, não são somente conciliáveis, senão interdependentes. O que se prega, portanto, é substituir-se a exclusão pela integração, ou seja, o referencial a ser adotado passa, a nosso ver, pela noção de substancialismo + procedimentalismo, e não pela noção substancialismo *x* procedimentalismo. Acreditamos ser esta a fórmula para a atuação não só da jurisdição constitucional, mas de qualquer instituição democrática.[221]

Deve-se registrar, por cautela, que inexiste contradição quanto ao método de interpretação da Constituição. Primeiro, porque este trabalho não avança sobre a escolha de um ou de outro. Isto não é nosso objetivo. Segundo, porque o pensamento, por exemplo, de Häberle e de Habermas (ambos utilizados indiretamente), são argumentos retóricos utilizados tão somente para negar a predominância da lógica substancialista. Por isso, estão lado a lado. Aqui estão sendo propostos elementos para a densificação da norma, não se assumindo uma discussão hermenêutica definitiva, todavia, por questão de coerência

---

[218] HÄBERLE, Peter. *Teoria de la Constitución como ciencia de la Cultura.*Tradução de Emílio Mikunda. Madrid: Editorial Tecnos, 2000, p. 32.

[219] LEAL, Mônia Clarissa Hennig. *Jurisdição Constitucional Aberta: reflexões sobre a Legitimidade e os Limites da Jurisdição Constitucional na Ordem Democrática.* Rio de Janeiro: Lumen Juris, 2007.

[220] LEAL, Rogério Gesta. A Teoria do Conhecimento em Habermas: conceitos aproximativos. *Revista do Direito*, nº 17 (jan./jun.2002), Santa Cruz do Sul: Editora da UNISC, 2002, p. 17-31.

[221] Ibid., p. 202-203.

com o adotado pensamento de Canotilho, a partir de sua metódica jurídica.

Definitivamente, para que se entenda a proposta aqui lançada, é preciso admitir a existência e necessidade de um novo relacionamento entre Estado e sociedade, instrumentalizado por uma proposta de exercício democrático participativo, que retira da função judicial a exclusividade da interpretação das normas, redistribuindo-a a todos os atores sociais. Efetivamente, aqui não há lugar para a lógica eminentemente substancialista.

À guisa de exemplo, o depoimento teórico de Raúl Enrique Rojo:

> A idealização da Justiça considera o juiz livre de todo tipo de pertença nacional, subjetiva ou política. Os limites da função de julgar são raramente percebidos e denunciados, e um novo dogma da infalibilidade judicial se instala insidiosamente em nome da própria radicalização da democracia. Face à dificuldade de fundar sua legitimidade, justifica-se a preeminência do juiz por uma necessidade antropológica que requereria, em toda sociedade, o exercício de uma função terceira, de um modo adjudicatório de resolver os conflitos. O juiz seria o terceiro cuja palavra é reputada soberana, quer dizer última e incontestável. O juiz é assim "naturalizado" por uma antropologia que corre em auxílio de uma teoria do direito incapaz de refundar sua legitimidade. Evitemos, porém, incensar o juiz com a mesma inocência que o positivismo celebrava ontem a norma. Mas agitar o espectro do governo dos juízes é também tão estéril como invocar de forma ritual a independência da Justiça.[222]

Então, conforme referido antes, só será possível a construção da hipótese de trabalho, se devidamente contextualizada segundo as preferências teóricas daqueles autores e que, possivelmente, fornecem os conceitos e os significados pretendidos.

Os conteúdos das obras "Estado, administração pública e sociedade: novos paradigmas"[223] e "O Estado-juiz na Democracia Contemporânea, uma perspectiva procedimentalista",[224] em que Leal trata das relações entre Estado, sociedade e administração pública, especialmente à luz do Direito e da Política, sustentarão o segundo postulado.

Como adverte esse autor, o desenvolvimento social submete-se a uma tensão permanente entre Estado, sociedade e mercado. Por sua vez, essa tensão manifestada no poder político relacional, acaba

[222] ROJO, Raúl Enrique. Em defesa de um novo ato de julgar e de fazer respeitar a lei: juízes e promotores face à descentralização. *Revista do Ministério Público do Rio Grande do Sul*. 53. ed. Porto Alegre: AMPRGS, 2004, p. 85.

[223] LEAL, Rogério Gesta. *Estado, administração pública e sociedade*: novos paradigmas. Porto Alegre: Livraria do Advogado, 2006, p. 206.

[224] LEAL, Rogério Gesta. *O estado-juiz na democracia contemporânea*: uma perspectiva procedimentalista. Porto Alegre: Livraria do Advogado, 2007, p. 104.

afastando a ideia de "Estado-nação", para construir a de "Estado-sociedade", cujo vetor é a participação na gestão pública. É a gestão pública compartida que se arvora a partir do exercício do poder, e "[...] o exercício direto do poder de decisão por parte dos cidadãos não é incompatível com o exercício indireto através de representantes eleitos [...]".[225]

Esse pensamento construído pelo autor, de poder racionalmente fundamentado e justificado, servirá para a construção da ideia de democracia participativa, que, por seu turno, será o ideário *político-jurídico* para sustentação de um discurso *jurídico-político* de participação, que ultrapasse os limites das decisões judiciais, no trabalho de densificação e concreção da norma do art. 150, IV, da Constituição.

Ora, seguindo esse raciocínio, tem-se uma ordem jurídica preordenando as funções do Estado, persistindo, todavia, o problema de ordem relacional entre as instituições (por exemplo, quando enfrenta o problema da natureza jurídica da jurisdição no Estado Democrático de Direito),[226] naquela tensão permanente entre as dimensões institucionais do próprio Estado (governo, sociedade, administração pública etc.). Essa tensão, agora reservando bem o objeto deste artigo, também (e principalmente) se opera a partir de conceitos jurídicos indeterminados, não definidos objetivamente no sistema positivo, mas cotidianamente usados como argumentos decisórios, tanto administrativa quanto judicialmente, como, por exemplo, o conceito jurídico de "vida", tutelado de forma explícita na Constituição. Têm por base a textura aberta da língua, como ensinam Astrid Gomes e Olga Maria Bruera.[227]

Conceitos jurídicos indeterminado[228] representam a inexatidão dos signos utilizados no Direito positivo. A origem da discussão teórica remonta à Áustria, com Bernatzik, onde o tema foi primeiramente debatido. Não importa aqui fazer um apanhado sobre o problema da textura aberta da língua, nem tampouco reviver as teorias que estudam os signos (palavras) e seus significados, senão apenas para se concordar com Friedrich Waismann, no sentido de que os conceitos

[225] LEAL, op. cit., 2006, p. 21.

[226] LEAL, op. cit., 2007, p. 26.

[227] GOMES, Astrid; BRUERA, Olga Maria. *Análise da Linguagem Jurídica*. Tradução de Alba Olmi. Buenos Aires: Editorial de Belgrano, 1984.

[228] Não se ignora, todavia, a existência de forte corrente doutrinária que refere não existir conceito jurídico indeterminado, mas sim termo jurídico indeterminado, já que o conceito, por sua natureza, jamais seria indeterminado. Todavia, essa especificação não prejudica o entendimento que se pretende dar ao tema, representando uma especificação adequada, mas não utilizada na dissertação por mera opção.

empiricamente construídos não apresentam uma definição exaustiva sobre o seu significado, surgindo espaço para a dúvida e sua necessária superação.

José Alfredo de Oliveira Baracho escreve sobre o tema:

> As expressões "conceitos jurídicos indeterminados" ou "conceitos legais indeterminados" vêm sendo objeto de vários estudos e reflexões. O exercício do poder administrativo, em muitas ocasiões, efetua-se por leis que contêm conceitos jurídicos indeterminados, descrevendo, de forma abstrata, as hipóteses constantes de certo fato normativizado, o tipo ou critério de consequência jurídica. A técnica germânica dos conceitos jurídicos indeterminados tem sido assimilada, em vários países, pela doutrina e pela jurisprudência. [...] O conceito jurídico indeterminado, em todas as situações, deve chegar a uma solução verdadeira e justa. Sua idéia apóia-se em um conceito transcendente de justiça e de verdade, com a crença nas possibilidades do discernimento humano. A aplicação de um conceito jurídico indeterminado, com enorme grau de abstração, gera uma pluralidade de opiniões sustentáveis através de argumentos lógicos e razoáveis, que se desdobram da pura interpretação jurídica, para estender-se a juízos de tipo técnico ou de puras valorações fáticas.[229]

Mas é importante registrar que a textura aberta dos conceitos empíricos surge da incompletude essencial das descrições. Importa, todavia, ter consciência de que no Direito, por ocupar-se fundamentalmente da linguagem, reside uma problemática fundamental; admite-se que nele vigora a textura aberta, sem, com isso, também ingressar nos estudos de Hart, sobre as relações entre a filosofia da linguagem e a filosofia do Direito, bastando apenas admitir seus postulados referentes ao papel da linguagem desempenhado na Constituição. A lei não incorpora todo o Direito. E o Direito não incorpora toda a vontade social. Por mais que se possa racionalizar o texto legal, sempre haverá espaços, verdadeiras lacunas, sejam normativas, ontológicas ou valorativas.

Aqui não se cuida de apreciar as antinomias jurídicas nem mesmo de descrever problemas sobre ausência de normas, incompreensão sobre fatos ou antinomia jurídica propriamente dita (conflito sobre norma). Embora tangencie essa situação, o problema que se enfrenta silenciosamente na aplicação cotidiana do Direito é relativo à construção de "entendimentos" sobre institutos jurídicos (conceitos), constitucionais ou infraconstitucionais. Existem diversos institutos jurídicos, cujos conceitos são indeterminados, o que corresponde a uma textura aberta da língua escrita em leis.

Mas isso não ocorre ao acaso. Muitos conceitos jurídicos são indeterminados, porque precisam sê-lo. Encontram sua justificativa

[229] BARACHO, José Alfredo de Oliveira. Teoria Geral dos Conceitos legais Indeterminados. *Revista do Direito*, nº 9/10 (jan./dez.1998), Santa Cruz do Sul: Editora da UNISC, 1998, p. 15-34.

na ideia de que, apesar das leis, da Constituição, existem princípios de moralidade que, além de se definirem somente na descoberta da vontade do povo, submetem-se ao fator tempo quando de sua construção. Os valores morais de um povo, além de serem descobertos passo a passo, intimamente no mundo da vida, mudam gradativamente, como em constante transformação e aperfeiçoamento, jamais se encerrando no texto legal, prisioneiro do tempo. Então, a indeterminação do significado só se constrói – e assim se mantém – conforme as idiossincrasias sociais, ou seja, conforme os valores construídos e defendidos por uma nação em determinado momento histórico. Daí sempre serem variáveis.

O problema é que na estrutura administrativa de um país, as forças institucionais tensionam tais significados, mudando-os por operadas interpretações sobre os signos, na exata medida de sua carga valorativa jogada sobre cada um deles. Tentam levar os signos para este ou para aquele significado. E, se fazem isso sem respeito à democracia participativa, agem de forma ilegítima. Mas como seria possível equilibrar, principalmente os Poderes entre si, sem que haja instrumentos acima deles? E tudo isso é uma situação muito grave, considerando-se a existência desses conceitos jurídicos indeterminados. E um deles é o "efeito confiscatório". E, assim, também ocorre com o conceito jurídico de "efeito confiscatório".

Desse modo, está correto o pensamento de Leal, ao defender uma proposta epistemológica a partir de um novo entendimento sobre sociedade, que seria ativa ou pró-ativa, com responsabilidades a cumprir, atuante a partir de uma interlocução política não coatada e não submetida ao rigorismo atual da estrutura estatal de independência e harmonia, que impede o consenso a partir do exercício da soberania popular:

> Significa dizer que a unidade do poder soberano está na reunião de todos os cidadãos (corpo soberano). A soberania não pode ser representada pela mesma razão por que não pode ser alienada, consiste essencialmente na vontade geral e a vontade absolutamente não se representa. Todavia, talvez uma crítica que possamos fazer, desde logo, a esta experimentação reflexiva rousseauniana, é o fato de que o princípio da soberania popular só pode ser realizado, como quer Habermas, pressupondo-se um uso público da razão por todos os cidadãos e entre eles a as suas representações. Isto porque, a referida concordância de todos os juízos, independente da diversidade dos sujeitos entre si, recebe, para além de seu valor pragmático, um significado constitutivo: as ações políticas, ou seja, as ações voltadas para o direito dos outros, só devem poder, elas mesmas, estar em concordância com o Direito e a Moral, na medida em que as suas máximas podem ter publicidade e mesmo a exigirem, a todos envolvendo e alcançando [...].[230]

[230] LEAL, op. cit., 2006, p. 25.

Então, visualizado o contexto de crise geral, "[...] é de saber sobre as condições de se atribuir aos poderes públicos a responsabilidade de proporcionar espaços de interlocução, deliberação e execução, a toda sociedade e cidadãos [...]",[231] para implementação da soberania popular, através da gestão pública compartilhada[232] de conceitos jurídicos que dependem da boa fixação de seu conteúdo semântico (axiológico), no âmbito moral e segundo a vontade de todos, e não apenas deste ou daquele ator social. Aliás, sobre o problema dos valores sociais defendidos, é necessária uma antecipação, no sentido de esclarecer que "[...] existem contradições insanáveis entre o sistema axiológico (de 'mores' ou de valores sociais) e as atitudes e as orientações de comportamento generalizadas [...]",[233] fato inconteste e que fomenta a rediscussão sobre a vontade popular e sua (não) realização. E não se diga que o povo não tem direito às definições jurídicas, pois são sinônimos de segurança.

Evidente que a proposta de densificação da norma do art. 150, IV, da Carta, somente pode se sustentar a partir da democratização do discurso jurídico e voltado à implementação da verdadeira vontade social, o que passa pela construção de uma nova sociedade e um novo Estado, que – tal qual proclama Leal – sustente a:

> [...] instituição de uma Administração Pública Democrática de Direito que parte, dentre outras, da ideia de ação comunicativa de Habermas, no sentido de ser necessário, primeiro, nos colocarmos de acordo sobre as proposições assertóricas que constituem as pretensões de validade de nossos discursos e práticas fundacionais do entorno em que nos vemos inseridos (e construímos).[234]

Em função de tais assertivas, desde já é de se declinar a opção pela perspectiva adotada pelo autor, em conformidade com o processo dialético, democrático participativo de formatação e divulgação dos conceitos jurídicos abertos (indeterminados). Sobre a construção de Estado e de uma Sociedade Democrática de Direito, veja-se o que afirma Leal:

> Aceitar estas premissas habermasianas implica trabalhar com a tese de que, num processo político-deliberativo de gestão de interesses comunitários, as pessoas devem estar abertas à força dos argumentos (linguísticos, simbólicos e fáticos), preparadas para deixar de lado seus pontos de vista iniciais, quando vêem o benefício para a comunidade em seu conjunto, e isto, pelo simples fato de que um sistema de discussão pública exige que as pessoas utilizem discursos que levem em conta a dimensão

[231] LEAL, op. cit., 2006, p. 34.

[232] Ibid., p. 40.

[233] FERNANDES, Florestan. *A Constituição Inacabada, Vias Históricas e Significado Político*. São Paulo: Estação Liberdade, 1989, p.263.

[234] LEAL, op. cit., 2006, p. 55.

pública de sua inserção e os efeitos multifacetados do seu impacto no meio em que interagem.[235]

Esta proposta teórica de deliberação vem amparada na ideia de criação de um espaço público aberto à sociedade e às instituições do Estado, voltado à definição/construção jurídica, inclusive sobre temas como soberania popular, poder político, direitos humanos, Administração Pública, autonomia dos sujeitos[236] etc. Ora, a densificação que será proposta implementa um diálogo aberto, mediante a interlocução e na busca de consensos sociais, alterando-se as perspectivas de vida construtivamente, uma racionalidade que marca o rompimento do sistema tradicional.

Para evitar a vagueza, retoma-se o problema referente ao conceito jurídico de "vida", cuja significação encontra-se aberta na Constituição e nas leis. Não que o Poder Judiciário, por exemplo, não possa construir minimamente esse conceito, todavia, não goza de legitimidade para apresentar seu conteúdo valorativo, moral e ético, à sombra da sociedade. Isso seria o contrário da democracia, pois ele não é depositário da verdade final do Direito. Há um visível espaço para a dicção jurídica final, mas fora dos poderes instituídos, e que carece de definição.

O sentido é de uma proposta de aperfeiçoamento do sistema jurídico pátrio, instituindo um discurso democrático, com participação social, para suprir lacunas valorativas especialmente decorrentes da relação de dissintonia entre Estado, Administração Pública (em sentido amplo, os três Poderes) e sociedade.

Opera-se aprimorando o sistema jurídico (valorativo) refratário das mudanças que tanto se pretende implementar, mas sempre a partir de uma hipótese atualizada e bem definida de descentralização exógena do Estado, via debate e em busca da efetividade constitucional. Isso seria efetuado através do entrelaçamento entre política e direito, a própria politização do Direito e a juridicização da Política, no qual se rompe com a postura descritivista da Ciência Jurídica mediante a adoção de uma postura prescritivista própria da Sociologia Jurídica, como adverte José Alcebíades de Oliveira Júnior.[237]

E, especificamente sobre politização *versus* juridicização, fornece as condições aqui perseguidas para criação do ambiente de participação social que permite a parametrização dos princípios dos artigos 1º, III, e 150, IV, da Constituição, dizendo:

---

[235] LEAL, op. cit., 2006, p. 61.

[236] Ibid., p. 67.

[237] OLIVEIRA JR., José Alcebíades de. Cidadania e novos direitos. In: OLIVEIRA JR., (org.). *O novo em Direito e Política*. Porto Alegre: Livraria do Advogado, 1997, p. 196.

> Contudo, não pode haver o privilegiamento de um aspecto em detrimento do outro; do direito face à política e vice-versa. Não obstante, salienta-se a necessidade de uma discussão política da ordem jurídica em vigor para que esta venha a produzir efeitos, já que atualmente não se pode pensar o direito somente em um plano estrutural e distanciado de suas funções [...].[238]

Com efeito, falta esse espaço de interrelação que concretize as aspirações sociais, traduzidas na Carta Republicana, entre Estado e Sociedade.

Retomando o ensinamento de Rogério Gesta Leal a partir do exame dos princípios constitucionais explícitos, especialmente quando fala da moralidade administrativa, efetivamente a norma se ressente de um conteúdo subjetivo, que paira como regra de supradireito e que não admite o retrocesso, fomentando conclusões que não estão na lei, mas que dela se irradiam implicitamente. A quem compete fazer o exame desse conteúdo? As palavras de Oliveira Jr.:

> De se ver que o âmbito de subjetividade que a moral contém implica não se tratar apenas de saber se é ou não legal determinado ato de gestão pública, mas se ele está ou não em consonância com os anseios de justiça, objetivos e princípios que informam a organização social dos administrados, previamente insertos no Texto Constitucional, em especial no bojo dos Princípios Fundamentais.[239]

Mas quem tem o poder de dizer quais são os anseios ou os ideais de justiça do povo, especialmente ao considerar-se o Direito em constante mutação,[240] como em mutação está a sociedade (e suas vontades), dado – por exemplo - o princípio evolucionista próprio da natureza humana? De longa data o positivismo jurídico sofre com as acusações de ser encarcerador dos fatos pela via da lei. Pior ainda, é pretender encarcerar (neste ou naquele Poder do Estado) as normas presentes implicitamente nos textos, materializadas, por exemplo, nos signos "vida", "moral", "independência e harmonia de Poderes", "soberania", "constitucionalidade", "efeito confiscatório" etc.

É visto, portanto, que o modelo tradicional das relações estatais gera mais e mais discórdias. Essas discórdias já ultrapassaram os altos muros que escondem as decisões públicas institucionalizadas e endógenas, irradiando-se para toda a sociedade graças ao processo de democratização nacional, participação popular, luta por direitos fundamentais, por efetividade, enfim, pela concretização do novo modelo constitucional erigido no país a partir de 1988.

---

[238] OLIVEIRA JR., op. cit., p. 196.

[239] LEAL, op. cit., 2006, p. 128.

[240] BULOS, Uadi Lammêgo. *Mutação Constitucional*. São Paulo: Saraiva, 1997.

A Carta Constitucional vigente incorpora as aspirações perdidas há anos no Brasil, forçando profundas alterações na busca da evolução, seguindo um caminho sem volta. Apresentam-se ideias que se ajustam às muitas necessidades político-jurídicas nacionais, capazes de implementar consensos e soluções a partir de um modelo democrático participativo. E sua construção se aproxima e sustenta grandemente da perspectiva teórica defendida Leal, como diretamente se vê:

> Assim, a análise de políticas públicas e de gestão do espaço público não, necessariamente, se refere apenas às políticas geradas nas instituições propriamente estatais, devendo, também, levar em conta as políticas geradas nas instituições não propriamente estatais. Ou, como é mais frequente, precisam referir-se às políticas geradas na imbricação da alavancagem propriamente estatal com alavancagem não propriamente estatal, incorporando, por exemplo, processos de interlocução comunitária cotidiana através de mecanismos e instrumentos apropriados, institucionais ou não, como Organizações Não Governamentais, movimentos populares, Conselhos Municipais institucionalizados, etc.
>
> A partir da existência dessa infraestrutura funcional por parte da Sociedade e do Estado, temos uma perspectiva mais sólida de condições reais para o debate, controle, decidibilidade e executoriedade da gestão pública dos interesses sociais comunitários, substituindo-se o modelo tradicional de relações verticais de autoridade por relações horizontais da solidariedade.[241]

Como se verifica nessa abordagem, o autor defende o aprimoramento de instituições participantes da vida do Estado, na ótica do modelo preconizado. Mas é de se mencionar desde já que a proposta aqui levantada é direcionada à lacuna valorativa da lei, mas especificamente quando competir à nação brasileira a definição dos conceitos jurídicos indeterminados, constitucionais e legais, no autêntico exercício de um poder democrático participativo, interlocucional e comunicativo,[242] superior à luta institucional estatal e à crise estatal:

> Todas estas crises identificadas, ainda no plano do diagnóstico, nos fazem propugnar pela descrença total no Estado como espaço público de gestão de interesses coletivos, mas tão somente, no Estado instituição tradicional, concebido a partir, exclusivamente, de seu "lócus" insulado e tecno-burocrático de fala oficial, unilateral e arbitrariamente imposto a uma cidadania ainda mais expectadora dos acontecimentos.
>
> Ocorre que a própria cidadania não mais se presta à condição de expectadora, porque boa parte dela encontra-se exaurida diante de tantos desmandos e silêncios frente às demandas que se avolumam, deixando pouca margem de escolha, senão comportamentos de autopreservação e autotutela que beiram mesmo a cenários e instâncias de ilicitude. Alguns destes cenários e instâncias, por sua vez, sofrem um processo de cooptação ideológica ou recuperação social a ponto de diminuir os índices de sua reprovabilidade e coação institucional, como é o caso dos jurássicos tipos da *sedução,*

---

241 LEAL, op. cit., 2006, p. 136.

242 Ibid., p. 183.

vadiagem, jogo do bixo, ou as criações jurisprudenciais neste sentido, tais como o furto de uso, furto famélico, crime de bagatela, etc.[243]

Definição esta calcada na conclusão culturalista de Constituição e, portanto, dependente das idiossincrasias sociais do momento histórico em que se vive, fixando um novo pacto semântico eficaz e uniformizador de linguagens.[244] Mas sempre a partir do modelo constitucional vigente, condicionante normativo dos debates, um instrumento de regulação, de delimitação do diálogo entre os atores sociais, com os efeitos deles decorrentes, tal qual já tem ocorrido, por exemplo, via consulta popular, debate público e audiência pública.[245]

Finalmente, estabelecendo os últimos pressupostos teóricos justificadores desta proposta, sempre a partir dos fundamentos doutrinários de Leal,[246] expõe-se o quadro da realidade social, política e jurídica brasileira. Inserida num ambiente de transição e maturação institucional, realização de direitos prementes, ameaça de transnacionalização de sujeitos sociais, pobreza e desigualdade reinante, conflito e fragilização de instituições estatais, resistências e ataques justos e injustos, conscientização política e jurídica, a sociedade brasileira opera lentamente uma transformação. Força os atores sociais a trilhar um caminho novo, transformador e desenvolvimentista, exigindo do Estado gradual implementação dos mais elevados valores que defende. Pela via da cidadania consciente, repensa um novo Brasil. É a defesa de um constitucionalismo social guardado pela própria democracia participativa, como assevera Paulo Bonavides:[247]

Sobre o modelo político e jurídico institucionalizado no Brasil, Leal afirma que: Este modelo de Estado Centralizador vai radicalizar a dimensão pragmática do princípio da

---

[243] LEAL, op. cit., 2006, p. 48-49.

[244] Ibid., p. 163.

[245] Ibid., p. 155-6.

[246] Calha transcrever uma importante passagem do pensamento do autor, lançada em sede conclusiva e que, por isso, apreende com singular sensibilidade a dimensão atual dessa problemática nacional, tratada, como refere ele, mais pela reflexão filosófica e sociológica do que propriamente jurídico-dogmática, *in verbis*: "Estamos sustentando, pois, que a condição de cidadania no país capaz de viabilizar uma gestão pública compartilhada dos seus próprios interesses, sob a perspectiva constitucional vigente, perquire mais do que simples previsão de prerrogativas normativas, mas demanda, substancialmente, o acontecer destas garantias, o que não depende exclusivamente do Estado, até porque algumas delas podem eventualmente ir de encontro com os interesses oficiais mais momentosos, afigurando-se, como fundamental, que a cidadania mobilizada politicamente busque, através de uma interlocução permanente e visível entre si e com suas representações corporativas (públicas e privadas), constituir e espaço público/arena da reflexão e deliberação de gestão dos interesses em tela". Ibid., p. 195.

[247] BONAVIDES, Paulo. Constitucionalismo Social e Democracia Participativa. In: SCHÄFER, Jairo. *Temas Polêmicos do Constitucionalismo Contemporâneo*. Florianópolis: Conceito Editorial, 2007, p. 27: "Do nosso ponto de vista, a democracia participativa nos países periféricos é, em tese, a guardiã política do constitucionalismo social; o meio, por excelência, de prevenir a ruína dos direitos fundamentais da segunda geração em face da ameaça supressiva que lhe faz o neoliberalismo".

separação de Poderes que informa o constitucionalismo moderno, a ponto de criar verdadeiros feudos e ilhas incomunicáveis de administração, com competências reservadas e exclusivas, indicadas pelo viés restritivo da legalidade constitucional e infraconstitucional vigente, ao mesmo tempo em que consegue impingir um certo esvaziamento político destas questões, atribuindo-lhes tão somente feições tecno-burocráticas.[248]

Ora, o debate encetado nesta dissertação fundamenta-se na negação dessa ideologia[249] e adoção daquela, inter-relacional. Pretende demonstrar a dimensão de pensamento com que se escreve a proposta, inserindo-a no contexto discursivo. É assim que se pensa Estado, sociedade e democracia participativa, como elementos submetíveis à lógica do razoável e em constante adequação.

As reflexões teóricas passam, necessariamente, por este prisma donde o segundo pressuposto representa o próprio ambiente acadêmico de estudo. Não se percebe o Direito de forma fechada, como que independente de uma moralidade política,[250] como adverte Ronald Dworkin.

3.3. A seara das políticas públicas tributárias: terceiro pressuposto teórico à reflexão

Qual o motivo de se alocar o tema das políticas públicas tributárias, como um pressuposto para as reflexões aqui encetadas? De imediato, dois argumentos exsurgem.

Diz respeito à natural necessidade de se avançar o tema do item anterior, sob pena de cortá-lo abrupta e irregularmente, pois a mudança

[248] LEAL, op. cit., 2007, p. 18.

[249] Ibid., p. 82: "Negar a importância e a necessidade das instâncias procedimentais e legítimas de constituição soberana destas normas deontológicas, necessariamente fundadas em espaços públicos de interlocução não-coatada, significa autorizar o retrocesso social e político de tomadas de decisões autoritárias e excludentes da sociedade civil, priorizando a burocratização estratégica weberiana das cooptações ideológicas realizadas pelas instituições públicas e privadas, eternamente atentas e mobilizadas junto aos corredores palacianos, detentoras hegemônicas de um poder que se alimenta das falácias de autoridade ainda vigentes".

[250] Cf. DWORKIN, Ronald. *O Império do Direito*. Tradução de Jefferson Luiz Camargo. São Paulo: Martins Fontes, 1999, 513 p. Para Dworkin as teorias semânticas do direito identificam os critérios lingüísticos usados pelos advogados para avaliar as proposições jurídicas, se falsas ou verdadeiras. O positivismo jurídico só vê a questão de fato, sendo a divergência meramente empírica, havendo especial debate entre os ensinamentos de Austin e Hart. Todavia, na escola do direito natural os juristas seguem critérios até certo ponto morais para decidirem sobre as proposições jurídicas. Já no realismo jurídico norte-americano, as regras lingüísticas seguidas pelos advogados tornam as proposições jurídicas adjuvantes e prenunciativas. Ao apontar o positivismo jurídico como teoria semântica que sustenta o direito como simples questão de fato, apontando – logo em seguida – sobre a existência de divergências sobre a essência das proposições jurídicas, Dworkin pretende lançar as bases da divergência política. Na verdade, ao longo de seu trabalho, ele define o direito como não independente da moralidade política. Por isso é que refere – quase que capitularmente – que o verdadeiro conteúdo do direito é político.

que se pretende, impõe alterações que dizem respeito às políticas[251] públicas, especialmente as tributárias, *locus* natural deste estudo. Trata-se, então, de uma contextualização necessária, quando se leva em conta o pleno exercício das atividades jurídicas e políticas, além das cancelas de um único Poder do Estado.

Não bastasse isso, o entrelaçamento de temas afetos à Ciência do Direito e à Ciência Política requerem, hodiernamente, a retomada de sua ligação umbilical dada a renovação das ideias sobre a *natureza política* do Homem de origem aristotélica, conforme seu interesse natural na autoconservação e na liberdade, como já tratado em trabalho específico:

> Otfried Höffe em clássica obra denominada *Justiça Política, fundamentação de uma filosofia crítica do direito e do estado*, examina o tema referente à natureza política do Homem a partir da lógica aristotélica, donde se retira como fundamento dessa posição o interesse natural do homem na autoconservação e na liberdade. [...] Trata-se da afirmação da natureza de polis do homem, que admite a existência humana tanto em seu contexto com a natureza, como em sua posição única (inicialmente a partir da racionalidade humana.[252]

Como referido no citado texto, *é flagrante a afetação entre si dos temas Direito e Política, não apenas em razão da manutenção inconteste do Estado, do contrato social ou do próprio neoliberalismo* (inegável e amplamente difundido), mas também *em função da dinâmica atual do tecido social, onde todas as relações são postas em jogo nas arenas sociais.*[253]

O tema das políticas públicas, por si só, prova esta ligação umbilical. É o caso, por exemplo, do confronto entre as opções políticas presentes nos planos plurianuais de cada governo e suas relações com as normas de ordem tributária e financeira, todos voltados à ordem social e ao bem comum.

3.3.1. Políticas públicas: contextualização e consideração indispensáveis

Nessa relação de interdependência institucional e científica, depois de fixada a proposta jurídica constitucional, há de se defender que a transformação social implementadora de tais direitos ocorre

[251] Cf. DWORKIN, Ronald. *Levando os direitos a sério*. Tradução e notas de Nelson Boeira. São Paulo: Martins Fontes, 2002, p. 36: "[...] aquele tipo de padrão que estabelece um objetivo a ser alcançado, em geral em melhoria em algum aspecto econômico, político ou social da comunidade (ainda que certos objetivos sejam negativos pelo fato de estipularem que algum estado atual deve ser protegido contra mudanças adversas)".

[252] FREITAS, Daniel Dottes de. A Participação Política no Contexto da Proibição de Retrocesso Social. In: Direitos Humanos e Participação Política, Vol. II. GORCZEVSKI, Clóvis (org.). Porto Alegre: Imprensa Livre, 2011, p. 269/270.

[253] Ibid., p. 271.

pela ampla via das políticas públicas. Daí, então, a necessidade de se fixar seus limites e possibilidades, pelo menos de forma preambular; suficiente, todavia, para causar a confirmação de sua necessidade na questão jurídica, assim como de todas elas na questão estatal do desenvolvimento. Por isso, a partir do conceito de políticas públicas, dar-se-á ênfase ao espaço institucional que se ocupa suprindo o *dever ser* da lei, numa *atitude* transformadora da vida do povo brasileiro.

A efetivação de um Estado Social, com a marca legitimadora da Constituição da República Federativa do Brasil, passa por uma evolução cultural. Trata-se do aprimoramento da cultura política e democrática que supere o modelo tradicional e autoritário, realizando o ideal democrático.

Mas essa plenitude democrática capaz de diminuir as desigualdades, erradicar a pobreza e a marginalização, entre outros objetivos constitucionais, e, gradativamente, transformar a vida dos homens, transfere às políticas públicas um dever fundamental inderrogável, pois quanto mais crescente é a implementação democrática, maior é a complexidade, a exigência (individual e coletiva) e a necessidade de efetivação dos direitos. Implícita está, pois, a própria cláusula de proibição de retrocesso social, como se não bastasse o dever de desenvolvimento humano, fundamentalmente.

Conhecendo esse panorama, com todas as imbricações que lhes são próprias, João Pedro Schmidt[254] conceitua e limita políticas públicas, o que faz com vistas à construção de um modelo de gestão pública pós-burocrático e pós-gerencialista capaz de implementar aquelas aspirações antes referidas, entre as quais deve vigorar o pensamento da ciência do Direito, que não se limita a outorgar ao juiz o poder-dever de, sozinho ou ao bel-prazer corporativo, emprestar densidade, concreção ou concordância prática da norma, como se, em operação cognoscível absoluta, detivesse todas as verdades e vontades humanas. Limitar a avaliação do encontro entre os dois prefalados dispositivos constitucionais à lógica puramente judicial, substancialista, é andar em círculos. Não opera sequer a aceitação ou mudança de entendimento aqui pretendida.

Examinando a problemática das políticas públicas, reconhecendo a importância de seu estudo sob dois pontos de vista, bem como defendendo sua análise não fragmentada ou isolada, diz Schmidt que

[254] SCHMIDT, João Pedro. Para Entender as Políticas Públicas: Aspectos Conceituais e Metodológicos. In: REIS, Jorge Renato dos; LEAL, Rogério Gesta. *Direitos Sociais & Políticas Públicas, desafios contemporâneos*, tomo 8. Santa Cruz do Sul: Edunisc, 2008, p. 2.307-2.333: Essa formulação inclui a importante noção de que a não-ação, a omissão, também caracteriza uma política.

não há uma definição reconhecida como a melhor, pelo que indica algumas definições usuais na literatura:

> Linn: uma política é um conjunto de ações do governo que irão produzir efeitos específicos. - Peters: política pública é a soma das atividades dos governos, que agem diretamente ou através de delegação, e que influenciam a vida dos cidadãos. - Lasswell: decisões e análises sobre política implicam responder às seguintes questões: quem ganha o quê, por quê e que diferença faz. - Heclo: uma política é o curso de uma ação ou inação (não ação), mais do que ações ou decisões específicas. – Dye: política pública é tudo aquilo que os governos decidem fazer ou não fazer.[255]

Em seguida, apontando conclusões de outros autores, apresenta a definição normativa do Ministério da Saúde do Brasil, expondo a conclusão que aqui também se pretende chegar, qual seja a de que é "[...] muito importante nessa definição a ideia de que as políticas orientam a ação estatal, diminuindo os efeitos de um dos problemas constitutivos do regime democrático: a descontinuidade administrativa, decorrente da renovação periódica dos governantes [...]".[256] Importa ressaltar, além da discussão sobre o problema da descontinuidade administrativa, que a ideia de que as políticas orientam a ação estatal, traduz em si mesma uma função precípua para as políticas públicas, a exigência de (efetiva) ação estatal. Mesmo que conte com a participação dos cidadãos, incumbe ao Estado a promoção completa dos valores sociais, mediante o exercício de um novo modelo gerencial.

Como facilmente se pode concluir, quando o conceito de políticas públicas inclui um dever de ação do Estado, transparecem seus limites administrativos. É pela mão do Poder Executivo, principalmente, que deverá se operar a implementação dos princípios aqui utilizados (dignidade da pessoa humana e vedação de tributo com efeito confiscatório), com vistas àquela atitude administrativa transformadora e efetivadora dos direitos, na correspondência aos conteúdos concretos da política, como ensina o autor, ou seja, as próprias políticas públicas, o que representa - segundo ele - a *policy*, uma das três dimensões da política.

Então, é de se registrar que depois de fixada a norma jurídica tuteladora de determinados fatos da vida, esgotada então a tarefa jurídica, cabe à administração pública (enquanto Poder Executivo) a implementação de políticas públicas efetivadoras daquela proteção legal, nas esferas da federação.

Para que se entenda melhor a abertura e o direcionamento que aqui se tenta envidar, retomando-se a ideia de que os três Poderes

[255] SCHMIDT, op. cit., p. 2.311-2.312.

[256] Ibid, p. 2.312.

possuem funções típicas e atípicas, todos eles, de uma forma ou de outra, incidem nas políticas públicas. E, seguindo a tipologia apresentada pelo autor, as políticas regulatórias podem ser responsáveis pela eventual concretização de uma norma constitucional, tal qual aqui se pretende demonstrar, fugindo à circularidade da lógica substancialista (mais judicial). Segue:

> [...] c) Políticas regulatórias – regulam e ordenam, mediante ordens, proibições, decretos, portarias. Criam normas para funcionamento de serviços e instalação de equipamentos públicos. Podem tanto distribuir custos e benefícios de forma equilibrada entre grupos e setores sociais, como atender a interesses particulares. Em geral seus efeitos são de longo prazo, sendo por isso difícil conseguir a mobilização e organização dos cidadãos no processo de formulação e implementação.[257]

No sentido de uma organização estatal unida em torno de um conceito jurídico não tão indeterminado (por ocasião de sua densificação), é possível uma atuação independente e harmônica, evoluída e superior, que reconheça um conteúdo axiológico para a proibição de tributos confiscatórios, a partir da mais evoluída expressão de dignidade da pessoa humana, cumprindo uma prestação estatal, regulando e ordenando aquelas atividades administrativas. Eis, então, um contexto discursivo possível, que parte de elementares conceitos de políticas públicas como verdadeiro pressuposto teórico à ampla reflexão.

Ilustrativamente, ainda em sede conceitual que permite este raciocínio, vejam-se as palavras de Lindomar Wessler Boneti, afirmando o domínio das políticas públicas como resultado do jogo daquelas mesmas relações de poder cogitadas alhures:

> Entende-se por políticas públicas o resultado da dinâmica do jogo de forças que se estabelece no âmbito das relações de poder, relações essas constituídas pelos grupos econômicos e políticos, classes sociais e demais organizações da sociedade civil. Tais relações determinam um conjunto de ações atribuídas à instituição estatal, que provocam o direcionamento (e/ou o redirecionamento) dos rumos de ações de intervenção administrativa do Estado se apresenta apenas como um agente repassador à sociedade civil das decisões saídas do âmbito de correlação de forças travada entre agentes do poder.[258]

Eros Roberto Grau, por seu turno, fornece um conceito normativo para políticas públicas cuja amplitude sedimenta sua aceitação como instrumento deste estudo. Afirma que a "[...] expressão *políticas públicas* designa todas as atuações do Estado, cobrindo todas as formas de intervenção do poder público na vida social [...]".[259]

---

257 SCHMIDT, op. cit., p. 2.314.

258 BONETI, Lindomar Wessler. *Políticas públicas por dentro*. Ijuí: Unijuí, 2006. p. 74.

259 GRAU. Eros Roberto. *O Direito Posto e o Direito Pressuposto*. São Paulo: Malheiros, 2003. p 22.

Ora, dignidade da pessoa humana e proibição de tributos com efeito confiscatório são princípios basilares que podem e devem orientar as decisões e as ações estatais em geral, pois os Poderes do Estado intervêm na vida social. É legítimo pensar sua implementação em sede de políticas públicas e, bem assim, necessariamente, em âmbito de gestão pública.

Diante desse quadro, em que as políticas públicas assumem grande importância prática, conforme uma abordagem sistemática e sempre a exigir um despertar das consciências quanto aos embates políticos que sugerem para implementação dos direitos sociais e individuais, e bem assim, do Estado Democrático de Direito, o Estado brasileiro deve estar preparado para o desenvolvimento ordenado. Deve contar com uma estrutura, não apenas humana ou financeira (por mais fundamentais que sejam), ideologicamente bem formada. Em sede de gestão, deve romper gradativamente com os modelos burocrático e gerencialista de administração, ainda vigentes, para inserir-se na proposta pós-gerencialista e pós-burocrática que capitaneie elementos de uma gestão pública pró-ativa, não coatada, que conte com a efetiva participação da sociedade. A sociedade deve ladear o Estado, na efetivação dos direitos fundamentais presentes na Constituição, para que o Estatuto do Contribuinte seja erigido com custos sociais e individuais mínimos, de forma a integrar Estado e sociedade, preservando-se a participação democrática para implementação das políticas públicas tributárias. Este é um entrelaçamento possível entre os três pressupostos teóricos aqui desenvolvidos.

Assim, a partir de um contexto mundial marcado pela incerteza, decorrente de mudanças nas áreas econômica (microeletrônica, biotecnologia, telecomunicações, informática, robótica etc.) e geopolítica (fim da guerra fria, desarmamento, aspirações populares por real participação política etc.), que alteram a estrutura básica da economia mundial, conforme os ditames da globalização,[260] é necessário um redesenho do Estado, que passe por uma nova gerência pública como explica Bernardo Kliksberg.[261] Para o autor, o processo de transformação gera dificuldades econômicas e sociais, contrapondo-se, então, mercados livres *versus* democracias.

---

[260] Globalização aqui significa internacionalização dos mercados, possuindo terminologia mais aberta.

[261] KLIKSBERG, Bernardo. *O desafio da exclusão*: para uma gestão social eficiente. Coordenação de Giselda Barroso G. A. Sauveur. Tradução de Marco Aurélio Nogueira, Alberto Aggio, Equipe RAP. São Paulo: FUNDAP, 1997.

Evidentemente que esse panorama de tendências opostas acaba não se manifestando tão explicitamente diante da sociedade. Demonstra-se mais pelo embate ideológico de seus defensores do que pela participação popular, embora o povo seja o destinatário final das ações estatais. Estando elas sujeitas a menor ou maior grau de influência dos mercados, haverão de se concretizar no seio da sociedade. E a questão tributária está no centro deste diálogo. Basta que se reprise a reforma tributária anunciada no Brasil há muitos anos.

Ora, então para que leve a efeito as políticas públicas estabelecidas pelo Direito Constitucional e infraconstitucional, o Estado (enquanto governo) precisa superar os problemas que se põem em nível administrativo.

Nesse caso, segundo demonstra Kliksberg, a opção passa pelo redesenho do Estado, mais marcadamente por sua união com a sociedade civil,[262] o que implica na necessidade de um projeto nacional de produtividade, competitividade e crescimento, voltado ao desenvolvimento humano. Este seria para o autor um Estado *inteligente*,[263] com características institucionais e gerenciais básicas, como *eficiência das políticas públicas*,[264] *descentralização e real participação dos cidadãos*,[265] *construção de um Estado-rede*[266] etc.

Enfim, o novo paradigma de gerência pública, se não exige, permite a construção de uma agenda de questões que são importantes para implementação, por exemplo, dos princípios jurídicos de que se falou, via políticas públicas que promovam o encontro de valores, a união entre mercado, sociedade e Estado.

Transcreve-se a lição de Kliksberg:

> Devemos visar a superar as perguntas tradicionais e as respostas aparentemente modernizadas que, no fundo, se inserem em modos de compreender a realidade que já não correspondem às mudanças radicais atualmente em curso no mundo. É preciso abordar de frente os problemas – muitos dos quais são inéditos – que surgem das mudanças no papel do Estado, em seu desenho institucional; e considerar a possível contribuição das ciências administrativas. Precisamos saber formular perguntas novas e diferentes, que possam ir bem além dos dogmas do presente e das ideologizações, e que partam dos problemas centrais que afligem a maior parte das sociedades de

---

262 KLIKSBERG, op. cit., p. 59: "As potencialidades e a superioridade do modelo 'Estado *mais* sociedade civil', em oposição ao modelo que considera excludentes essas instâncias, são o tema destacado nas contribuições recebidas no grupo temático conduzido por Vasant Moharir, na Conferência de Toluca (Moharir, 1993)"

263 Ibid., p. 62.

264 Ibid., p. 63.

265 Loc. cit.

266 Ibid., p. 64.

nosso tempo. Freqüentemente, tem-se buscado dentro do próprio Estado as respostas às questões referentes ao Estado. Entendo que será bem mais produtivo que essas questões sejam formuladas a partir de uma problemática nacional e internacional ampla; e que se procure descobrir o modo pelo qual o redesenho do Estado poderá contribuir para que entendamos melhor os problemas do Estado. Para tanto, é imprescindível que os problemas sejam postos em um plano integrado de análise que inter-relacione Economia, Sociedade e Estado. Nesse sentido, acredito que seria útil refletir sobre a agenda básica proposta a seguir, que, evidentemente, não inclui todos os temas possíveis, mas apenas relaciona alguns dos temas estratégicos mais importantes.[267]

Como se pode perceber, a descoberta de novas fronteiras para o Estado nacional passa pela discussão sobre a incorporação de um novo modelo de gestão. Os problemas decorrentes da globalização da economia se fazem presentes no Brasil. Permeiam o cotidiano, a vida do homem e as relações sociais. Não seria surpreendente que tais fatores têm impedido a concretização constitucional.

A eficácia social do princípio da proibição de tributo com efeito de confisco, depende, grandemente, não apenas do reforço que lhe alcança o atual conceito de dignidade humana, mas, fundamentalmente, da construção e implementação de políticas públicas atentas a tais idiossincrasias sociais.

Nisso, a gestão exerce papel importantíssimo. Transforma a realidade em prol do desenvolvimento humano e social, segundo um trabalho administrativo mais flexível e aproximativo que permite uma integração do indivíduo nas questões estatais. Como estratégia política, a gestão carece dessa participação da sociedade, inclusive no sentido de tensionar o poder com as demais forças que já o ocupam há muito tempo. A gestão é um postulado importante no objetivo de construir políticas públicas tributárias efetivamente igualitárias, voltadas à sustentabilidade coletiva e individual.[268] A ordem tributária – enquanto carente de reforma e aprimoramento – depende de uma certa unidade epistemológica.

---

[267] KLIKSBERG, op. cit., p. 68.

[268] Cf. JACOBI, Pedro. *Cidade e meio ambiente:* percepções e práticas em São Paulo. São Paulo: Annablume, 2000, p. 179: "A noção de sustentabilidade implica em uma inter-relação necessária entre justiça social, qualidade de vida, equilíbrio ambiental e a necessidade de desenvolvimento como tendo uma capacidade de suporte. A preocupação com o tema do desenvolvimento sustentável introduz não apenas a questão controversa sobre a capacidade de suporte, mas também o alcance e limites das ações para reduzir o impacto dos danos na vida urbana cotidiana e as respostas baseadas na interrupção do *modus operandi* e da omissão e participação nas práticas autodestruidoras".

3.3.2. Políticas públicas tributárias: breves considerações

Depois de legitimada a discussão na seara geral das políticas públicas, ocasião em que se demonstrou a conexão daqueles princípios já com os três pressupostos teóricos necessários à reflexão, pouco resta a aduzir em sede de políticas públicas tributárias (sob pena de tautologia), senão ancorar o tema na correta disciplina, referendando-a elogiosamente como o ponto de partida que fundamenta todo este trabalho científico. Fixando, então, os limites e possibilidades das políticas tributárias, Hugo Thamir Rodrigues afirma que podem operacionalizar as políticas de desenvolvimento e de inclusão social:

> [...] políticas públicas de desenvolvimento e de inclusão social podem aparecer como uma necessidade na busca da eliminação da pobreza e na redução das desigualdades sociais e regionais, podendo operacionalizar-se de várias formas e, dentre estas, [...] as políticas tributárias.[269]

Talvez seja exatamente essa a aproximação de que se ressente o positivismo jurídico, equidistante daquela moralidade política que demonstra a abertura sistemática, hoje assumida pelo que se denomina pós-positivismo, aqui tida como uma proposta nascida na ideia original do positivismo jurídico,[270] mas que admite a principiologia e os juízos de valor. Ora, a ideia de Direito também se baseia, necessariamente, em valores, realizando-os, o que reporta os estudos, circularmente, ao próprio fundamento de validade da Constituição.[271]

---

[269] RODRIGUES, Hugo Thamir. Políticas Tributárias de Desenvolvimento e de Inclusão Social: fundamentação e diretrizes, no Brasil, frente ao princípio republicano. In: REIS, Jorge Renato dos; LEAL, Rogério Gesta (org.). *Direitos sociais & políticas públicas*: desafios contemporâneos, tomo 7. Santa Cruz do Sul: Edunisc, 2007, p. 1.902 (p. 1.901-1.920).

[270] Cf. WOLKMER, Antônio Carlos. *Ideologia, Estado e Direito.* São Paulo: Revista dos Tribunais, 1989, p. 127: "O positivismo jurídico, que prosperou a partir da metade do século XIX e acabou se impondo como principal doutrina jurídica contemporânea, estendendo-se em diversas áreas do Direito, constituiu-se na mais vigorosa reação às correntes definidas como jusnaturalistas, que buscavam definir a origem, a essência e o fim do Direito na natureza, ou mesmo, na razão humana. A ideologia positivista procurou banir todas as considerações de teor metafísico-racionalista do Direito, reduzindo tudo à análise de categorias empíricas na funcionalidade de estruturas legais em vigor. A ideologia positivista se contrapõe à concepção metajurídica jusfilosófica, na medida em que rejeita toda e qualquer dimensão *a priori*. Descarta, assim, princípios e juízos valorativos em função de uma suposta neutralidade axiomática, de um rigoroso experimentalismo e, ao mesmo tempo, de um tecnicismo formalista".

[271] CANOTILHO, José Joaquim Gomes. *Direito Constitucional*. 6. ed. Coimbra: Livraria Almedina, 1993, p. 112: "O problema do fundamento de validade de uma constituição (=problema de legitimidade) tem sido prevalentemente respondido com base numa *teoria dos valores*: todo o direito é, na sua essência, a realização de certos princípios de valor; baseia-se num conjunto de valores fundamentais, residindo a 'medida' destes valores na consciência jurídica de uma comunidade juridicamente regulada (Triepel). O princípio objectivo fundamental da consciência jurídica seria, nesta perspectiva, a 'ideia de direito'. Esta teoria da legitimidade chama-se, desde a época de Weimar, *teoria científico-espiritual da legitimidade* porque: (a) o direito constitucional significa a positivação de uma legitimidade valorativo-espiritual (Smend); (b) diferentemente

Políticas tributárias, reconhecidas num ideário republicano e democrático de desenvolvimento, mas pautadas numa interrelação institucional de poder, num cenário agravável de crise de identidade, eficácia e legitimidade social,[272] interessam à normatividade jurídica. Noutras palavras, representam decisões conjuntas jurídico-político-sociais direcionadas à materialização (nas palavras de Canotilho, densificação, concretização e concordância prática) dos valores defendidos pelo povo, enquanto auditório universal, como ensina Chaïm Perelman.[273] E jamais se poderia negar a intenção social de se buscar a normatividade (com seu valor universal) do princípio da vedação de tributos com efeito confiscatório, como direito e como dever fundamental, eis que "[...] todos os deveres fundamentais são, em certo sentido, deveres para com a comunidade (e, portanto, deveres dos membros desta ou dos cidadãos), isto é, estão directamente ao serviço da realização de valores assumidos pela colectividade organizada em estado como valores seus",[274] como afirma Nabais.

A obra de Perelman (uma contribuição para um Direito não coercitivo) ganha relevo na justificação dos princípios fundamentadores da Constituição, porque implica num fundamento ético-político para se chegar a uma concepção de justiça (aberta) reduzida a valores políticos. Para ele, os princípios de justiça estão além da Constituição tal qual a norma está além dos dispositivos constitucionais. E estes princípios de justiça devem ser fixados pela maioria, segundo os valores universalmente defendidos. Por isso, ele vem afirmar que o auditório é a realidade da razão humana. E, aqui, essa universalidade é representada pelo povo brasileiro, auditório que deve concordar com os valores então estipulados. Aproximando-se o debate da teoria dos

---

do formalismo jurídico (típico de dogmática civilista) e do 'positivismo do poder' (na sua orientação histórico-sociológica), ela considera que só a validade intrínseca, isto é, o conteúdo de valor ideal corporizado na constituição, merecedor do reconhecimento e convicção por parte da coletividade, pode constituir o critério válido de legitimidade constitucional. Trata-se de um *critério de legitimidade material*, pois: (1) contra o positivismo jurídico, intrinsecamente vazio ou valorativamente neutral, e (2) contra o realismo do poder (para quem o direito vale apenas como um sistema de legalidade funcionalística ou como simples expressão das relações de força reais), esta teoria insiste na ideia de que só o reconhecimento da validade jurídica do texto constitucional assente na livre convicção da coletividade sobre a sua consonância com os valores jurídicos, pode legitimar, no plano material, qualquer constituição".

[272] LEAL, Rogério Gesta. O controle jurisdicional de políticas públicas no Brasil: possibilidades materiais. In: *Revista de derecho*, v.9, 2006, p. 53-66.

[273] PERELMAN, Chaïm. *Lógica Jurídica, nova retórica.* Tradução de Vergínia K. Pupi. Revisão de Tradução de Maria Ermantina Galvão. Revisão Técnica de Gildo Rios. São Paulo: Martins Fontes, 2004, p. 143.

[274] NABAIS, op. cit., p. 101

valores, é possível verificar o sentido destas reflexões teóricas, mesmo que minimamente.

Configurando a lei em sentido amplo, o direito constitucional é a expressão da própria ação política, como diz Klaus Stern:

> El Derecho Constitucional desempeña justamente la función de un marco para la acción política, el cual canaliza las fuerzas políticas, las institucionaliza, fija competencias y establece parámetros materiales; en la función de configuración toda nueva ley se muestra, por el contrario, como expresión de acción política. Derecho y política son, pues, cifras de una *simbiosis diferenciada*.[275]

Para além de seu mero conceito, políticas tributárias representam o espaço multicientífico que associa o pensamento tributário constitucional ao político, social e filosófico. Emerge para que não se retome o páramo em que se encontravam os valores jurídicos, e, como ensina Leal, "[...] qualquer política pública no Brasil tem como função nuclear a de servir como esfera de intermediação entre o sistema jurídico constitucional (e infraconstitucional) e o mundo da vida Republicano, Democrático e Social que se pretende instituir no país [...]".[276] É a intervenção estatal materializada em sua função social transformadora uma presença que não pode ser dispensada, ademais, na conjuntura brasileira. Aliás, daí ser acertado qualificar o Estado nacional como Estado Fiscal Social, no sentido em que o "Social" significa função. Neste sentido, ensina Hugo Thamir Rodrigues:

> A ausência, ou a fraca presença, do Estado, nas relações sociais, importa no aceite do império da lei do mais forte sobre o mais fraco, ou seja, importa no aceite do império do capital sobre o social, numa luta entre desiguais. A não presença do Estado, de forma ativa, nas relações sociais, importa no retorno ao Estado de Guerra de Hobbes. Mas, aceita como verdadeira a tese de ser indispensável a intervenção estatal na busca da dignidade humana para cada indivíduo, resta determinar como a mesma pode, de forma concreta, ocorrer.[277]

Imbricar Direito e Política é uma condição material de atuação, o que permite ampliar as reflexões aqui encetadas. Leal afirma o seguinte:

> [...] as questões políticas e as questões jurídicas consignam aspectos integrantes de uma mesma realidade, principalmente quando estão em jogo Direitos Humanos

---

[275] STERN, Klaus. *Derecho del estado de la republica federal alemana*. Madrid: Centro de Estudios Constitucionales, 1987, p. 134.

[276] LEAL, Rogério Gesta. A Efetivação do Direito à Saúde por uma Jurisdição-Serafim: Limites e Possibilidades. In: REIS, Jorge Renato dos; LEAL, Rogério Gesta (org.) *Direitos sociais & políticas públicas*: desafios contemporâneos, tomo 6. Santa Cruz do Sul: Edunisc, 2006, p. 1.529 (p. 1.525-1.542).

[277] RODRIGUES, Hugo Thamir. Políticas Tributárias e Federalismo: uma leitura possível do caso brasileiro. In: LEAL, Rogério Gesta. *Direitos sociais & políticas públicas*: desafios contemporâneos, tomo 3. Santa Cruz do Sul: Edunisc, 2003, p. 900 (p. 891-922).

e Fundamentais, pois constituem duas dimensões incindíveis dos problemas constitucionais. Qualquer pretensão, no sentido de segregá-las, é cair na unilateralidade, prestigiando-se tão somente, um dos lados, quando, em verdade, urge qualificá-las em conjunto.[278]

Se este estudo estivesse desassociado deste sentido teórico-reflexivo, não teria cumprido sua obrigação de transbordar os limites da mera apreciação dogmática das leis, pois arvorado sobre a literatura jurídica, política, filosófica e sociológica, em flagrante tentativa de não apenas entender a natureza e as relações humanas, mas de buscar sua evolução e bem-estar, donde a Constituição representará os anseios populares[279] com ampla justiça social operando-se pela ampla cooperação.[280]

E também não se dissocia da certeza de que a realização da justiça fiscal depende, direta e precisamente, da tributação, donde o tributo, sempre pautado em corretas políticas tributárias, dá vida ao Estado, como ensina Ubaldo Cesar Balthazar:

> Esperamos uma reforma profunda, que promova a inserção do Estado brasileiro na contemporaneidade, conforme critérios de justiça fiscal, e de acordo com as necessidades ditadas pelo processo de globalização, e de formação do Mercosul. O tributo, neste sentido, é instrumento vital para a realização de tais propostas, sociais, políticas, e econômicas. É o tributo que dá vida ao Estado e, através, dele, faz-se intervenções na economia do setor privado, visando atender os interesses públicos e aqueles próprios do Estado. Entendemos que o tributo não deve ser um obstáculo ao progresso da nação, mas sim uma alavanca estimuladora do desenvolvimento. Deve ser justo e compatível com a capacidade dos contribuintes. Estes ainda estão à espera de um sistema tributário economicamente neutro, juridicamente simples, financeiramente eficiente e politicamente transparente.[281]

Em resumo, este é o sentido subjetivo dos pressupostos reflexivos até aqui apresentados, e que se antecipam ao exame final da tese. Satisfaz a possibilidade de sua dedução, se antes não foram bem examinadas as pontes que ligam um assunto ao outro.

3.4. Os artigos 1º, III, e 150, IV, da Constituição: parametrização, densificação e relação ambivalente

O artigo 1º, III, da Constituição, dispositivo que expõe o princípio da dignidade da pessoa humana, a partir do que foi apresentado

---

[278] LEAL, op. cit., 2000, p. 190.

[279] RODRIGUES, op. cit., 2003, p. 911.

[280] Ibid., p. 912.

[281] BALTHAZAR, Ubaldo Cesar. *História do Tributo no Brasil*. Florianópolis: Fundação Boiteux, 2005, p. 194.

no primeiro capítulo, guarda as dimensões ontológica (autodeterminação), comunicativa e relacional (relações humanas subjetivas e sociais), histórico-cultural (construída em cada contexto nacional histórico e cultural) e a dupla dimensão, positiva e prestacional da dignidade.

Referiu-se que esta dupla dimensão se implementa de duas formas. Negativa ou defensiva, como limite à não coisificação do homem, negando a ideia de homem-objeto e gerando direitos negativos. E positiva ou prestacional, como tarefa impondo deveres concretos de tutela do Estado mediante medidas positivas de respeito e promoção do exercício e fruição da dignidade, seguindo a esteira de pensamento de Sarlet. Além disso, exemplificativamente, reservou-se espaço para demonstrar sua utilização na administração da justiça, com excertos jurisprudenciais.

O art. 150, IV, da Carta, dispositivo que veda a utilização de tributos com efeito de confisco, exposto no segundo capítulo, contém como elementos principais, seu reconhecimento como direitos fundamentais, sua grande vagueza conceitual, caracterizando-se como um conceito jurídico indeterminado (de conteúdo semântico polissêmico), a prevalência de um critério quantitativo (matemático) que dá sentido à norma, segundo uma ótica distante e pouco relacionada com os direitos fundamentais, e, finalmente, uma construção conceitual que segue costumeiramente uma lógica judicial (substancialista), que vem sendo usada pelo Poder Judiciário brasileiro.

Diante deste histórico de ambos os princípios e à luz dos pressupostos acima construídos, a reflexão inicial, dado o estado atual de cada um deles, é a de se utilizar o princípio da dignidade da pessoa humana para o estabelecimento de um parâmetro à revisão do conceito de tributos com efeito confiscatório, refazendo-o mediante densificação e concretização[282] mínima através da adoção de um critério qualitativo e quantitativo (quali-quantitativo), e não apenas quantitativo, possibilitando, quiçá, sentido e concordância prática àquela norma, voltada à ideia de justiça fiscal distributiva estruturante e convergentemente sistêmica, mais adequada ao atendimento das ambições constitucionais.

Ora, a relação entre o princípio da dignidade e o direito fundamental ao não confisco tributário denota uma possibilidade de exercício e análise da variabilidade daquele conteúdo em dignidade da

[282] É de se registrar aqui a admissão àquela diferenciação entre densificação e concretização da norma, tal qual ensina Canotilho, sendo que, neste último caso, o trabalho não aprofunda uma aplicação prática em casos concretos. Daí situar-se no exame, tão somente, da densificação.

pessoa humana neste direito fundamental, como refere Sarlet. Esta possibilidade de associação representa o próprio diálogo aqui defendido, como segue:

> Sem qualquer pretensão de aprofundar este aspecto – até mesmo em face da inviabilidade de se aferir caso a caso a relação entre o princípio da dignidade da pessoa humana e os diversos direitos e garantias fundamentais -, importa ter em mente, num primeiro momento, a variabilidade do conteúdo em dignidade de cada direito fundamental, que seguramente não é o mesmo no direito à vida e no direito ao 13º salário, assim como não é o mesmo em se comparando o direito de livre manifestação do pensamento e a norma que concede aos trabalhadores a participação nos lucros da empresa.[283]

O raciocínio parte da preocupação com a pretensão nacional a um Estatuto do Contribuinte que congregue os anseios da nação brasileira, respeitando a ordem jurídica e democrática (participativa), assim como todas as aspirações individuais, coletivas, de grupos ou instituições, de forma equilibrada e correta. Que vise ao bem comum. E que tenha como ponto de partida as orientações erigidas na Constituição Cidadã.

Para que isso se efetive, impende admitir uma abertura do sistema, em favor de um discurso pró-ativo e integrado pelo diálogo entre todos os atores políticos, implementado numa discussão que envolva todos os Poderes do Estado (e não apenas um deles), a sociedade civil, os mercados, enfim, todos os envolvidos com aquelas ambições constitucionais de desenvolvimento econômico, social e humano, numa autêntica arena política,[284] como designa Schmidt.

Então, ancorada a pretensão nos domínios das políticas públicas tributárias, com vistas a uma construção teórica positiva e minimamente razoável, sem representar um elastério de ideias, mas também sem enlanguescer a dissertação, propõe-se utilizar aquele entendimento e experiência do que vem a ser, como está sendo utilizada e o que representa a dignidade da pessoa humana como parâmetro, ou seja, como "[...] constante característica de um fenômeno [...]"[285] para reinserir um critério qualitativo ao princípio da vedação de tributos com efeito confiscatório.

Esta constante característica de um fenômeno, que se chama dignidade da pessoa humana, exige, pelo que se viu, o reconhecimento

283 SARLET, op. cit., 2007, p. 124.

284 SCHMIDT, op. cit., p. 2.326: "As relações entre os atores políticos sempre acontecem em um determinado espaço social, um palco no qual acontece o jogo de tensões entre os atores, dotados de um grau diferenciado de poder. É o que se denomina de **arenas políticas**".

285 FERNANDES, Francisco; LUFT, Celso Pedro; GUIMARÃES, F. Marques. *Dicionário Brasileiro Globo*. 33. ed. São Paulo: Globo, 1993.

qualitativo e subjetivo de valores relacionados não apenas aos bens (patrimônios) materiais, mas também aos bens imateriais, como direito (exercício e fruição) prestacional, por exemplo, à honra e à moralidade. Vida digna possui dupla dimensão: não transformação de cada indivíduo em homem-objeto, e respeito e promoção aos direitos. Evidentemente, pressupõe-se aqui, como reserva mental de entendimento e aceitação da tese, a possibilidade de restrição de direitos fundamentais, assim como, a ponderação em face do mínimo existencial, entre outros fatores relacionados ao caso concreto, o que não se confunde com a sustentação teórica.

A contrário senso desta constante característica (dignidade), estaria a indignidade quando (não por opção pessoal subjetivamente atribuível) por obra da conjuntura de vida de um povo pobre, os indivíduos estivessem malfadados a sobreviver num subpadrão de vida praticando crimes contra o consumo, contrabando, descaminho, sonegação fiscal, imoralidades e desonras tantas, garantindo a sobrevivência pessoal e familiar, num estado de coisas já admitido como normal e aceitável.

A dignidade da pessoa humana não prevê detrimento à honra, por exemplo, quando naturalmente ferida, desde que o fato concreto seja enfrentando nos trâmites estatais (administração pública ou jurisdição). Significa dizer que, veladamente, se sabe de desonras. Mas, publicizadas, não podem ser mantidas. Por isso, a dignidade é preferencialmente aferida em casos concretos, evidenciando-se sua subjetividade axiológica. Nasce, nesta operação, a avaliação qualitativa.

Disso decorre que aqueles indivíduos que se submetem aos atos ilícitos em geral, com a finalidade de garantir a sobrevivência pessoal ou familiar, qualitativamente se encontram desnivelados em dignidade. É, pois, a qualidade que avalia a dignidade da pessoa humana. E sua relativização, indiscutivelmente, é uma realidade.[286]

Mas isso não ocorre na avaliação concreta da ocorrência ou não do efeito confiscatório de um ou mais tributos sobre a vida de pessoas ou grupos, pois a avaliação é meramente quantitativa, ou seja, matemática. Leva em conta os percentuais de incidência tributária,

[286] Cf. SARLET, Ingo Wolfgang. *Dignidade da Pessoa Humana e Direitos Fundamentais na Constituição Federal de 1988*. 6. ed. Porto Alegre: Livraria do Advogado, 2008, p. 143-144: "O que nos parece deva ficar consignado é que não se deve confundir a necessidade de harmonizar, no caso concreto, a dignidade na condição de norma-princípio (que, por definição, admite vários níveis de realização) com outros princípios e direitos fundamentais, de tal sorte que se poderá tolerar alguma relativização, com a necessidade de respeitar, proteger e promover a igual dignidade de todas as pessoas, não olvidando que, antes mesmo de ser norma jurídica, a dignidade é, acima de tudo, a qualidade intrínseca do ser humano e que o torna merecedor ou, pelo menos, titular de uma pretensão de respeito e proteção".

tão somente. Nisso, por um método indireto (de presunção), descortinam o efeito confiscatório no caso concreto. Mas sempre presumindo um confisco sobre bens materiais. Até os dias atuais, o efeito só é examinado em face do patrimônio material.

Não bastasse o fato de que tal técnica de concreção exclui o patrimônio imaterial dos homens, o que é uma falha grave, só uma dúvida já fragiliza esse sistema. Qual seja a de se questionar se, sempre que a tributação atinge 50% da renda mensal do indivíduo, haverá confisco tributário. O que afasta o efeito confiscatório que atinge 40% da renda? E o que garante sua aplicação concreta quando identificada uma tributação, por exemplo, em 70% da renda? Nada! O critério é puramente matemático. Presume que, aquele que tem tributado mais do que (neste último exemplo) 70% de suas rendas, tem contra si o confisco tributário negatório, especialmente da propriedade e da renda. Presume uma diminuição na qualidade de vida das pessoas, em face de incorrer, por exemplo, em renda menor.

Esta constatação alcança maior expressão quando admitida a ideia de que, em se tratando de impostos indiretos,[287] cuja carga econômica é suportada pela terceira pessoa (normalmente o consumidor), que não realizou o fato imponível da tributação, como no caso do ICMS, ocasião em que a carga tributária atinge grandes proporções, o efeito confiscatório parece evidente. Neste caso, mesmo que apartada a discussão sobre o *"bis in idem"* da tributação, não há como negar que, em muitos casos, a carga tributária global fere o ideal de construção de uma autêntica justiça tributária, conforme o modelo em que os impostos indiretos se concretizam no Brasil.

Não se pode perder de vista a assunção da ideia de que o princípio trata de efeito, ou seja, de uma situação concreta na vida da pessoa. O que demanda admitir que seria mais correto examinar a vida daquela pessoa que teve a renda ou o patrimônio (material e imaterial) diminuído, para se concluir o nível de dignidade em que se encontra.

Outros fatores se associam a este cenário, como a transitoriedade do efeito confiscatório, que pode ocorrer em determinado exercício financeiro, ou necessidades extraordinárias do Estado, por exemplo, em casos de calamidade pública, que justificariam relativizações da dignidade diante de todas as pessoas. Mais ainda: um indivíduo que antes vivia na cidade, necessitando viver com 50% de sua renda, mudando-se para o campo, pode necessitar viver com apenas 40% desta

[287] Cf. CARRAZZA, op. cit., p. 457, nota 44: "Já, *impostos indiretos* ou *que repercutem* são aqueles cuja carga econômica é suportada não pelo contribuinte, mas por terceira pessoa, que não realizou o fato imponível. [...]".

mesma renda; ou um milionário (grandes fortunas), cujos 30% não confiscados são suficientes para uma vida toda. São variáveis matemáticas que não determinam ou afastam, necessariamente, um efeito confiscatório, porque em nenhum destes casos houve perda da dignidade, numa avaliação comparativa.

Registre-se que tais exemplos extremos foram aqui apostos no sentido de sustentar a explicação teórica, não revelando detalhes e idiossincrasias do caso concreto. Tanto é que no caso do milionário que não teria a dignidade diminuída com o confisco de 70% de seu patrimônio, ainda assim haveria de se reconhecer o efeito confiscatório.

Isso decorre da ideia aqui defendida, que não afasta o critério quantitativo de avaliação do efeito confiscatório sobre propriedade e renda. Pelo contrário, muitos casos dependem e sempre dependerão dele. Sua flagrante incompletude é que determina a associação do critério qualitativo de avaliação do efeito confiscatório, segundo um sentido mais amplo e aberto, que leve em conta a realidade de vida das pessoas e o ideal de justiça fiscal como aqui defendido.

Quando do início da pesquisa, houve uma tendência em se defender tão somente o critério qualitativo, especialmente em função de já ter sido amplamente mencionado por doutrina e jurisprudência, tanto brasileira quanto estrangeira. Naquela antiga decisão, o STF inclinou-se a tal reconhecimento, mas nenhum argumento escapou do espaço retórico e discursivo. Sozinho o critério qualitativo também é insuficiente. Um necessita do outro para densificar a norma do art. 150, IV, da Carta. No caso em concreto, admitido o juízo de ponderação (e harmonização), um ou outro, ou mais precisamente, ambos poderão ser utilizados para o reconhecimento ou não do efeito confiscatório. Preserva-se, assim, o aspecto quantitativo da exigência tributária[288] e insere-se a proteção humana mediante um parâmetro de razoabilidade,[289] já utilizado na avaliação do não confisco tributário.

De qualquer sorte, a ideia de parametrizar o não confisco tributário pela dignidade da pessoa humana, representa assumir o novo critério quali-quantitativo, inclusive como condição de possibilidade decorrente da própria característica de aderência do princípio da dignidade, como entende Leal quando exemplarmente utiliza a ideia de parametrização. Veja-se:

[288] DIFINI, op. cit., p. 109: "Como o princípio da proibição de tributos com efeito confiscatório relaciona-se primordialmente com o aspecto quantitativo da exigência tributária [...]".

[289] Ibid., p. 64: "[...] embora a falta de maiores definições, inclusive na doutrina, sobre a caracterização de tributos com efeito confiscatório, examinou a hipótese e concluiu pela sua caracterização no caso concreto, através do exame da exigência tributária à luz de parâmetros de *razoabilidade*".

[...] tenho que a vida humana digna espelha e se vincula ao ideário político, social e jurídico predominantemente no país, ao mesmo tempo em que, na condição de princípio fundamental, em face de sua característica de aderência, ele opera sobre os comportamentos estatais ou particulares de forma cogente e necessária. Por tais razões tenho sustentado que: (a) todas as normas do sistema jurídico devem ser interpretadas no sentido mais concordante com esse princípio; (b) as normas de direito ordinárias desconformes à constituição e seus princípios fundacionais (dentre os quais destaco o sob comento), não são válidos. Justifica-se tal postura em face de que a saúde como condição de possibilidade da dignidade da pessoa humana, em verdade, passa a constituir o que chamo de "indicador constitucional parametrizante do mínimo existencial", porque se afigura como uma das condições indispensáveis à construção de uma Sociedade livre, justa e solidária; à garantia do desenvolvimento nacional; à erradicação da pobreza e da marginalização, bem como à redução das desigualdades sociais e regionais; à promoção do bem de todos, sem preconceitos de origem, raça, sexo, cor, idade e quaisquer outras formas de discriminação.[290]

Como se verifica, o fundamento de invalidade – numa admissão argumentativa de conflito entre princípios, pois o trabalho não chega a tanto – reside no desencontro de princípios e regras, não apenas diante do sistema constitucional, mas diante do próprio princípio da dignidade da pessoa humana. Porque nela se resume uma das condições indispensáveis à construção de uma sociedade livre, justa e solidária, como atesta o autor.

Parametrizar, ou seja, ladear o não confisco tributário com o princípio da dignidade pode representar um avanço às políticas públicas tributárias. Na verdade, um dinâmico exercício da ciência fiscal a ser encetado em todos os âmbitos do poder, mas aproximada da política fiscal, como refere Nabais:

Numa determinada visão das coisas, podemos considerar como objecto da ciência fiscal a optimização de todo um pano de fundo do interesse público, assegurando um nível de receitas fiscais adequado à realização das tarefas que um concreto Estado se propõe prosseguir, sem prejuízo, de um lado, para a justiça fiscal e, de outro, para o funcionamento do sistema económico de mercado entregue ao livre jogo das iniciativas individuais. O que aproxima a ciência fiscal da (teoria da) política fiscal, enquanto se concretiza na teorização dos meios adequados à prossecução das finalidades que o sistema fiscal se propõe, e comporta entendimentos mais liberais (ou neoliberais) ou mais keynesianos com a conseqüente atitude mais avessa ou mais aberta ao intervencionismo fiscal.[291]

Nesta atitude, dada a evolução já existente na temática da dignidade, ocorre o fenômeno da densificação daquela vedação constitucional, em busca da justa limitação material da tributação, como

[290] LEAL, op. cit., 2006, p. 1.529.

[291] NABAIS, José Casalta. *Direito Fiscal*. 4. ed. Coimbra: Almedina, 2006, p. 118.

decorre do princípio da coerência (do conteúdo) do sistema.[292] Exige uma posição hermenêutica que aceite mudar o paradigma de observação, coadunado com todos os objetivos da República.

Com a parametrização, a vedação ao efeito confiscatório passa a ser mensurada também na vida das pessoas, avançado para uma avaliação também subjetiva que examina o caso concreto, a realidade cotidiana da pessoa humana[293] e da família, como autêntico método (direto) quali-quantitativo. Afinal, como atesta a doutrina especializada, o não confisco é garantia de justiça fiscal. E, assim, a justiça fiscal acaba se somando, também, às pretensões de segurança e certeza jurídica, retomando-se a unidade constitucional.

O fenômeno da parametrização pode-se comparar à tarefa de mediação concretizadora do legislador e do juiz, de que fala Canotilho quando distingue regras e princípios, exatamente quando da fixação do grau de determinabilidade na aplicação do caso concreto.[294]

O parâmetro dignidade da pessoa humana, ou seja, como elemento conceitual do não confisco tributário, sai do âmbito retórico, meramente discursivo, para se tornar um efetivo valor jurídico tributário, gerando, consequentemente, efetividade (eficácia social) às limitações constitucionais ao poder de tributar. Realinha, assim, diversos outros princípios, como capacidade contributiva e igualdade de tratamento.

Quando ocorre tal exercício teórico-prático, ocorre também a paulatina densificação da norma, afirmando-se seu sentido. O que levará, posteriormente, à concretização e concordância prática. Evidente, todavia, serem necessários diversos outros fatores à realização desta tarefa, largamente enfrentados pela doutrina especializada, mas que não serão manejados nesta hipótese de trabalho.

A densificação, ocorrendo pela via instrumental da parametrização defendida, visa a ampliar a identidade semântica ao artigo 150, IV, da Carta, mediante o uso de um critério funcional,[295] só implicitamente previsto na Constituição Federal, pois não se trata de norma

---

[292] NABAIS, op. cit., 2006, p. 164: "9.3.1. *O princípio da coerência do sistema*. Numa perspectiva macroscópica, os limites materiais da tributação têm sobretudo a ver com a ideia de coerência do sistema ou de sistematicidade, entendida como uma coerência conteudística ou substancial de integração do direito fiscal no sistema de direito público e no conjunto do ordenamento jurídico".

[293] É de se observar que o trabalho não considera a hipótese da pessoa jurídica como sujeito ou não ao critério quali-quantitativo de avaliação do efeito confiscatório, reservando-se ao caso da pessoa humana, individual ou coletivamente. Seria demasiado tratar desse tema no espaço da presente dissertação, por isso sua exclusão.

[294] CANOTILHO, 2000, p. 1.124.

[295] SARLET, 2007, p. 184. Ver nota 482.

meramente programática.[296] Por ela, a "[...] individualização de princípios-norma permite que a constituição possa ser realizada de forma gradativa, segundo circunstâncias factuais e legais [...]".[297] A densidade da norma constitucional, como leciona Canotilho:

> [...] impõe-se: (1) quando há necessidade de tomar decisões inequívocas em relação a certas controvérsias; (2) quando se trata de definir e identificar os princípios identificadores da ordem social; (3) quando a concretização constitucional imponha, desde logo, a conveniência de normas constitucionais densas (G. Schmid). A abertura de uma norma constitucional significa, sob o ponto de vista metódico, que ela comporta uma *delegação* relativa nos órgãos concretizadores; a *densidade*, por sua vez, aponta para a maior proximidade da norma constitucional relativamente aos seus efeitos e condições de aplicação. A abertura e a densidade são "grandezas variáveis", não se podendo dizer, como é ainda hoje corrente na doutrina juspublicística, que há *normas constitucionais exeqüíveis por si mesmo e normas constitucionais não exeqüíveis por si mesmo*, (cfr., porém, CRP, art. 283º).[298]

O fenômeno da densificação e da concretização decorrem da abertura vertical[299] (caráter geral e indeterminado) da norma, carente de significação conceitual, porque "[...] os elementos linguísticos das normas constitucionais são, muitas vezes, *polissêmicos ou pluri-significativos* [...]".[300]

Por isso, Canotilho completa a explicação, dizendo que:

> *Densificar uma norma* significa preencher, completar e precisar o espaço normativo de um preceito constitucional, especialmente carecido de concretização, a fim de tornar possível a solução, por esse preceito, dos problemas concretos. As tarefas de concretização e densificação de normas andam, pois, associadas: densifica-se um espaço normativo (=preenche-se uma norma) para tornar possível a sua concretização e a conseqüente aplicação a um caso concreto.[301]

A proposta deste trabalho é exatamente esta. Preencher a norma incrustada no art. 150, IV, da Constituição Federal, mediante a inclusão de um critério quali-quantitativo instrumentalizado pela parametrização com o princípio do art. 1º, III, também da Carta, provocando uma mudança no paradigma de observação a partir do ambiente das políticas tributárias, sem descurar dos elementos teóricos implícita e explicitamente espostejados ao longo da dissertação. Quiçá, assim,

---

[296] Cf. CANOTILHO, 2000, p. 1.140. "O sentido das normas não é, porém, o assinalado pela doutrina tradicional: 'simples programas', 'exortações morais', 'declarações', 'sentenças políticas', 'aforismos políticos', 'promessas', 'apelos do legislador', 'programas futuros', juridicamente desprovidos de qualquer viculatividade".

[297] Ibid., p. 1.127.

[298] Ibid., p. 1.145.

[299] Ibid., p. 1.144.

[300] Ibid., p. 1.180.

[301] Ibid., p. 1.165.

atinja níveis primário, político-legislativo e executivo e jurisdicional de concretização,[302] atingindo evoluída situação de concordância prática.[303]

Finalmente, a relação ambivalente entre os dois princípios decorre do fato de que, ao densificar a proibição de efeito confiscatório, a dignidade da pessoa humana se nutre de efetividade (eficácia social). Eis, então, a dupla diretiva jurídica (ambivalência)[304] decorrente da parametrização dos dois princípios. Densificada pela via do parâmetro dignidade, a vedação ao não confisco tributário devolve àquele princípio fundamental a concretização e a concordância prática de que tanto necessita o país.

Trata-se de um efeito subliminar. Desejado pela doutrina e pela jurisprudência, assim como desejado pelo povo brasileiro, porque todo "[...] aquele que vive no contexto regulado por uma norma e que vive com este contexto é, indireta ou, até mesmo diretamente, um intérprete dessa norma",[305] como adverte Häberle. Todo aquele que vive o confisco tributário no seu grau qualitativo, sabe o quanto perde em dignidade.

Um sentido que denota a ambivalência é sentido na afirmação de Ailton Cocurutto,[306] a despeito de um entendimento doutrinário uniforme quando se reporta ao pensamento de Sarlet.

Embora não adote esta mesma terminologia, Nabais faz uma importante referência sobre a relação dos deveres fundamentais entre si, que, em alguns tipos, não se justificam por si mesmos, não traduzindo valores ou interesses funcionalmente autônomos, e caracterizando-se por instrumentos ou meios de realização de outros deveres fundamentais, o que também ocorre com os direitos fundamentais:

> Vistas as relações entre deveres e direitos fundamentais, debrucemo-nos agora sobre as relações dos deveres fundamentais entre si. Um aspecto destas relações já foi por nós referido e diz respeito a existência de deveres que não se justificam por si mesmos, não traduzem valores ou interesses funcionalmente autónomos, antes sao instrumentos ou meios de realização de outros deveres fundamentais, estes sim suporte de valores constitucionais próprios.[307]

---

302 CANOTILHO, 2000, p. 1.185-1.186.

303 Ibib., p. 1.188.

304 FERNANDES; Luft; Guimarães, op. cit., s. p.

305 HÄBERLE, Peter. *Hermenêutica Constitucional, a sociedade aberta dos intérpretes da constituição:* contribuiçao para a interpretação pluralista e 'procedimental' da constituição. Tradução de Gilmar Ferreira Mendes. Porto Alegre: Sergio Antônio Fabris, 1997, p. 15.

306 COCURUTTO, Ailton. *Os princípios da dignidade da pessoa humana e da inclusão social*. São Paulo: Malheiros, 2008, p. 27.

307 NABAIS, op. cit., 2004, p. 1.332.

Em seguida, o autor português afirma existir outro tipo de relação entre deveres, também aplicável aos direitos fundamentais, que se traduz na situação de dependência. Ora, a ambivalência, ou seja, o fato simples de que um serve ao outro reside exatamente nessa relação de dependência principiológica:

> Um outro tipo de relações entre deveres é o que se traduz na situação de dependência de deveres fundamentais. Esta verifica-se sempre que o exercício de um dever está dependente do cumprimento de um outro dever, dever este que assim é pressuposto daquele.[308]

No caso, a dignidade é pressuposto da vedação ao efeito confiscatório. E dessa relação advêm resultados que lhes são úteis, dada a constante da busca de uma proteção eficaz. Sobre o tema, Sarlet diz o seguinte:

> Acima de tudo, o que se pode afirmar com alguma margem de certeza, renunciando a uma opção fechada em prol de uma ou outra concepção referida neste contexto, é que a busca de uma proteção eficaz da dignidade da pessoa (de todas as pessoas) de longe ainda não encontrou uma resposta suficientemente satisfatória para todos e se constitui em permanente desafio para aqueles que, com alguma seriedade e reflexão, se ocuparem do tema.[309]

E não se pode negar o fato de que a dignidade como base da República, representa o reconhecimento "[...] do indivíduo como limite e fundamento do domínio político da República [...]",[310] como ensina Canotilho. E, a despeito do que consta no art. 3º da Constituição, percebe-se claramente que a inclusão social é objetivo das políticas públicas republicanas, como afirma Cocurutto.

> Como assinalado, a *inclusão social* é um princípio constitucional implícito, extraído do artigo 3º, I, III e IV, da Carta Magna, vinculado aos objetivos fundamentais da Nação brasileira. Tem um perfil programático que depende de ampla concretização no plano do direito e principalmente no plano dos fatos, e sem dúvida alguma guarda estrita relação umbilical com o princípio maior da *dignidade da pessoa humana*.[311]

Em linhas gerais estes seriam os fundamentos da alegada ambivalência dos princípios, hipótese que representa o histórico estado de evolução em que os homens se encontram, porque a história não consiste apenas em meros fatos sistematicamente registrados, como ensina Balthazar.[312]

---

[308] NABAIS, op. cit., 2004, p. 1.332.

[309] SARLET, op. cit., 2008, p. 146.

[310] CANOTILHO, José Joaquim Gomes. *Fundamentos da Constituição*. 6. ed. Coimbra: Almedina, 1993, p. 43-44.

[311] COCURUTTO, op. cit. p. 45.

[312] BALTHAZAR, op. cit., p. 18: "A história não consiste apenas em meros fatos sistematicamente registrados, mas sim em uma relevante fonte de compreensão das origens do presente e suas

3.5. Justiça tributária (fiscal) distributiva estruturante a serviço da justiça social: um ambiente para a gestão de políticas públicas tributárias de inclusão social

Prestigiando-se a afirmação de Konrad Hesse de que a Constituição é "[...] unidade política e ordem Jurídica",[313] mas sem ignorar "[...] os fatores do poder que imperam na realidade social [...]",[314] como ensina Ferdinand Lassalle, afirma-se um ideal de justiça fiscal distributiva estruturante, a serviço da própria justiça social. Este é, então, o ambiente teórico maior, que sustenta todo o interesse em descortinar o princípio da vedação de tributos com efeito confiscatório. É o afirmado ambiente em que se gerenciam cientificamente as políticas públicas tributárias como verdadeiro depoimento das impressões colhidas ao longo de dois anos de estudos.

Preside-se a ideia de que o fundamento direto das normas tributárias é a justiça fiscal (também designada de justiça tributária). Mas que, indiretamente, é a justiça social (embora largamente se defenda que a justiça social é o fundamento da tributação). Assume-se, deste modo, um discurso jurídico em que a as normas jurídicas se relacionam com a moralidade política e com o ideal de justiça.

O ideal de um sistema jurídico unitário, pluralista e aberto, que admita pelo menos a possibilidade de implementação de uma justiça fiscal distributiva estruturante, por seu turno, coadunada com a proposta de justiça social de que se gaba a República Federativa do Brasil, goza da mesma moralidade que aqui se defende. Aliás, mais uma vez (e sempre) por honestidade intelectual, inspirada na lição de Rodrigues, assim escrita:

> Sabe-se que a "igualdade" busca seu significado no tratamento desigual dos desiguais. Assim, quando a CF/88 fala em: erradicar a pobreza e a marginalização (art. 3º, III); função social da propriedade (art. 5º, XXIII); direitos à saúde, ao trabalho, à moradia, ao lazer, à segurança, à previdência social, à proteção à maternidade e à infância, à assistência social aos desamparados (art. 6º); à busca do pleno emprego (art. 170, VIII); direito à vida (art. 5º, caput) com dignidade (art. 1º III); promover o bem de todos (art. 3º, IV), dentre outros preceitos nela estampados, está proclamando uma República de inclusões sociais, buscando harmonizar os direitos de cada um com o

consequências. Por conseguinte, o estudo da história do Direito, bem como suas modificações em função do dinamismo social em um espaço-tempo, permite-nos analisar a esfera jurídica com ares mais críticos e questionáveis, superando eventuais dogmatismos".

[313] HESSE, Konrad. *Elementos de Direito Constitucional da República Federal da Alemanha*. Tradução (da 20ª edição alemã) de Luís Afonso Heck. Porto Alegre: Sergio Antonio Fabris, 1998, p. 29.

[314] LASSALLE, Ferdinand. *A Essência da Constituição*. Prefácio de Aurélio Wander Bastos. 2. ed. Rio de Janeiro: Liber Juris, 1988, p. 49.

conteúdo e a amplitude do bem-comum. Harmonização que pode ter sua concretização auxiliada por meio de políticas tributárias, fundamentalmente através de políticas extrafiscais. Políticas que devem buscar suas diretrizes no próprio princípio republicano, o qual as enseja, mas, também, limita. Assim, fundamental atenção exige o princípio da moralidade, o que impõe que seja arrecadado apenas o suficiente para o cumprimento das funções do Estado (dentre elas a implementação da justiça social) e que os valores arrecadados sejam corretamente destinados.[315]

A República de inclusões sociais é uma diretiva constitucional em plena fase de implementação. Daí decorre que o processo de intervenção estatal, ancorado na sustentação financeira essencialmente embasada na extrafiscalidade tributária, deve ser ampla e abertamente debatido, pondo à mesa todas as políticas. E transparente deve ser a forma de gestão administrativa.

Nesta importante tarefa, resume-se o fundamento do poder de tributar, no qual o Estado Fiscal de que se falou antes, encontra sua legitimidade. Parafraseando J. L. Saldanha Sanches e João Taborda da Gama, não há Estado sem direitos, nem direitos sem impostos, nem impostos sem dinheiro,[316] o que demonstra uma real convergência sistemática embasada na própria solidariedade, quando Marciano Seabra de Godoi trata da "[...] íntima e direta relação entre Estado contemporâneo, tributo e solidariedade [...]".[317]

Se o fundamento direto das normas tributárias é a justiça fiscal e, indiretamente, é a justiça social, em termos gerais defende-se a ideia de um sistema jurídico unitário, pluralista e aberto. E este sistema irá sustentar, posteriormente, um ideal de justiça fiscal distributiva estruturante. Nesta parte final, a fundamentação apoia-se fundamentalmente nos discursos de Luís Eduardo Schoueri[318] e Klaus Tipke[319] e Joachim Lang,[320] como abaixo segue.

---

315 RODRIGUES, op. cit., 2007, p. 1.911.

316 SANCHES, J. L. Saldanha; GAMA, João Taborda da. Pressuposto Administrativo e Pressuposto Metodológico do Princípio da Solidariedade Social: a Derrogação do Sigilo Bancário e a Cláusula Geral Anti-abuso. In: *Solidariedade social e tributação.* GRECO, Marco Aurélio; GODOI, Marciano Seabra de. (coords.). São Paulo: Dialética, 2005, p. 89-109 (p. 89-109).

317 GODOI, Marciano Seabra de. Tributo e Solidariedade Social. In: *Solidariedade social e tributação.* GRECO, Marco Aurélio; GODOI, Marciano Seabra de. (coords.). São Paulo: Dialética, 2005, p. 152 (p. 141-167).

318 SCHOUERI, Luís Eduardo. *Normas Tributárias Indutoras e Intervenção Econômica.* Rio de Janeiro: Forense, 2005.

319 TIPKE, Klaus. Sobre a Unidade da Ordem Jurídica Tributária. In: SCHOUERI, Luís Eduardo; ZILVETI, Fernando Aurelio (coords.). *Direito Tributário:* estudos em homenagem a Brandão Machado. São Paulo: Dialética, 1998, p 60-70.

320 TIPKE, Klaus; LANG, Joachim. *Direito Tributário.* Tradução da 18. ed. alemã de Luiz Dória Furquim. Vol. I. Porto Alegre: Sergio Antonio Fabris Editor, 2008.

Schoueri escreveu densa obra ("Normas Tributárias Indutoras...") direcionada ao campo da extrafiscalidade tributária, concatenando normas tributárias indutoras e intervenção econômica do Estado, sempre em prol do desenvolvimento social. A partir da função indutora dos tributos, a que o contribuinte adote determinado comportamento, ou seja, mediante indução (intervenção) do Estado, propôs discutir diversos temas relacionados a estes aqui estudados. Exemplificativamente, examinou a causa dos impostos, da obrigação tributária, das normas tributárias, das normas tributárias indutoras, limitações constitucionais ao poder de tributar e a questão federativa, entre tantos outros temas e institutos relacionados àquela imbricação entre Estado, sociedade e mercado, tendo em conta os temas relacionados à justiça das relações tuteladas pelo direito.

No início da discussão sobre o aporte financeiro do Estado, ingressando nos temas da fiscalidade e extrafiscalidade, Schoueri faz referência a Klaus Vogel, que, por sua vez, ultrapassa a ideia de justiça distributiva de origem aristotélica, no sentido de uma justiça estruturante voltada a uma modificação planejada da própria estrutura social.

> Na visão de Klaus Vogel, a justiça tributária ultrapassa os limites de mera justiça distributiva, no sentido aristotélico (enquanto distribuição justa da carga estatal), e passa a ser uma justiça 'estruturante' (*gestaltende Gerechtigkeit*). Enquanto a primeira é reativa, já que parte das relações em que os contribuintes vivem, a justiça 'estruturante' é ativa, visto que atua no sentido de uma modificação planejada da própria estrutura social.[321]

Ora, sem que se perceba qualquer exclusão de categoria, parece plausível admitir-se uma justiça tributária distributiva estruturante, eis que sua dicção ressoa diretamente no texto constitucional brasileiro, combinando-se com os fundamentos e com os objetivos da República Federativa do Brasil. É assim, uma embrionária possibilidade de adequação às expectativas do povo e da nação, merecendo, futuramente, profundo exame teórico e prático.

Em tema que cerca a função pragmática das normas indutoras, sua intervenção e efeito sobre os contribuintes,[322] Schoueri busca amparo teórico em Klaus Tipke, Genaro Carrió, Klaus Vogel e outros, para afirmar que o sistema jurídico é unitário, pluralista e aberto.

É unitário, porque embasado na igualdade e outros princípios norteadores das normas:

---

[321] SCHOUERI, op. cit., p. 3.

[322] Ibid., p. 4.

A visão unitária do sistema pode sustentar-se nos mais diversos pilares. Entre as teorias que mais se desenvolveram neste sentido, no campo tributário, está a proposta por Klaus Tipke, para quem um sistema constitucional que se baseia no princípio da igualdade não se pode abster de adotar princípios norteadores de cada uma das normas que o compõem, de modo a garantir sua aplicação consistente. A consistência parece ser melhor alcançada num sistema unitário.[323]

Em seguida, classifica o sistema jurídico unitário em monista e pluralista, adotando esta segunda ideia porque a "[...] existência de diversos princípios no ordenamento jurídico implica ser ele pluralista [...]".[324] Seria, então, unitário pluralista, porque composto de diversos princípios jurídicos.

Finalmente, caminha para a convergência teórica quando afirma que, por ser o sistema[325] jurídico incompleto, estando em constante evolução e modificação, é também aberto para a realidade e para os valores, e direcionado à coerência sistêmica (tida como sinônimo da convergência). Sustenta a abertura do sistema a partir dos postulados de Klaus Vogel e Tércio Sampaio Ferraz Júnior:

> Surge assim, uma visão do ordenamento jurídico como algo aberto para a realidade e para os valores, que não pretende expressar "um conjunto completo em si, sem lacunas, senão que é incompleto por definição, problemático e lacunoso". Sistema aberto "no sentido de que é incompleto, evolui e se modifica".[326]

Identifica-se, assim, o acertamento da posição do autor, porque admite a completa interdependência dos ramos do Direito,[327] o que evolui no processo indutor das normas tributárias, tipicamente extrafiscais, afastando-as do dogma da neutralidade da tributação,[328] ou seja, admite a participação política dos atores sociais no processo de desenvolvimento, especialmente, pela via das políticas tributárias voltadas à inclusão social.

Tipke coroa a ideia de unidade do ordenamento jurídico, afirmando ser um postulado entre os juristas alemães, mas que o mesmo ainda não ocorre na ordem tributária especificamente, uma ordem jurídica parcial que deveria preceder à total:

> Enquanto o postulado da unidade da ordem jurídica (total) é corrente entre os juristas alemães, o mesmo não ocorre com o da unidade da ordem jurídica tributária como

[323] SCHOUERI, op. cit, p. 5-6.

[324] Loc. cit.

[325] CARVALHO, Paulo de Barros. *Direito Tributário: Fundamentos Jurídicos da Incidência*. 4. ed. São Paulo: Saraiva, 2006, p. 53: "Não só o direito positivo se apresenta como sistema, mas a ciência que dele se ocupa também assume foros sistemáticos [...]".

[326] SCHOUERI, op. cit., p. 8.

[327] Ibid., p. 14.

[328] Ibid., p. 15.

> uma ordem jurídica *parcial*. A “unidade da ordem jurídica tributária” compreensivelmente não é um conceito corrente, já que quase ninguém dela se ocupa o porque ela não existe na realidade. A unidade das ordens jurídicas parciais deveria, entretanto, preceder a unidade da ordem jurídica total.[329]

Em Tipke e Lang encontra-se a seguinte afirmação:

> O Direito Tributário é parte do ordenamento Jurídico global. Elemento essencial de um Ordenamento é a *liberdade de contraposição* de seus *valores fundamentais do Direito e da Justiça*: se o legislador fixou esses valores fundamentais em uma parte do Ordenamento Jurídico, então ele deve em outros setores do Ordenamento Jurídico observá-los. Essa liberdade de contraposição valorativa do Ordenamento Jurídico como elemento disciplinador do Direito é evidenciada pelo postulado “Unidade do Ordenamento Jurídico”.[330]

De resto, ficou a lição de que também o ordenamento jurídico tributário, na virtude do bem-comum, deverá buscar esta convergência do sistema, talvez favorecendo a criação de um Estatuto do Contribuinte, atendendo as necessidades sociais e desenvolvendo o país, e, com Friedrich Muller, a partir da realidade social que permite a revinculação metódica à ciência humana,[331] porque se vive num só mundo. Ainda com Müller, propõe um nexo material não só com dados da história e da sociedade atual[332] como negava o positivismo clássico, mas com próprios institutos de direito constitucional.

Aquilatar a lição de contraposição valorativa do Direito Tributário, pela via da parametrização e densificação principiológica entre dignidade e não confisco tributário em sede de políticas tributárias, pensando-se um sentido quali-quantitativo para a norma, foi durante este trabalho acadêmico, um devotado exercício de busca pela unidade do ordenamento jurídico, da Constituição à vida cotidiana, do Direito à Política Pública. Pretensamente um trabalho mais voltado à teoria da norma.[333]

---

[329] TIPKE, op. cit., 1998, p. 61.

[330] TIPKE; LANG, op. cit., p. 69.

[331] MÜLLER, Friedrich. *Direita Linguagem Violência:* elementos de uma teoria constitucional, I. Tradução de Peter Naumann. Revisão de Paulo Bonavides e Willis Guerra Santiago Filho. Porto Alegre: Sergio Antonio Fabris, 1995, p. 48.

[332] MÜLLER, Friedrich. *Métodos de Trabalho do Direito Contitucional*. Tradução de Peter Naumann. São Paulo: Max Limonad, 2000, p. 40: “Para o positivismo jusconstitucionalista a constituição é um sistema formal de leis constitucionais, a lei um ato de vontade do Estado sob forma de lei. Para ele, as normas e os institutos de direito constitucional não podem apresenta um nexo material com dados da história e da sociedade atual, que pudesse retornar na concretização como um teor material que entra em ação de modo qualquer. Tais nexos não são negados, mas tratados como sem interesse para a ciência jurídica”.

[333] Sobre o tema, FERRAZ JR., Tércio Sampaio. *A Ciência do Direito*. 2. ed. São Paulo: Atlas, 1980.

É deste modo que se refletiu a vedação ao não confisco tributário. Tendo como um primeiro pressuposto a ideia de construção de um Estatuto do Contribuinte. Mais ainda, que seja coerente com os demais pressupostos. E o segundo deles não pode ser afastado de forma alguma, sob pena de incompletude do sistema. Estado e sociedade aprimoram suas relações em versões atuais, indispensáveis à compreensão do próprio fenômeno tributário brasileiro. No caso, a democracia participativa cumpre um papel constitucionalmente erigido, instrumentalizando a própria vontade social, cuja presença resgata a própria ideia de legitimidade estatal no processo de desenvolvimento mediante intervenção. Aproveitando a oportunidade do momento, o terceiro pressuposto, que trata das políticas públicas tributárias, fornece a especificidade de que carece tal atuação. É o ambiente que dá guarida à intervenção construtiva, na qual o aporte financeiro necessário à promoção da inclusão social também encontra sua própria legitimidade.

Esta proposta de reflexão teórica ergue-se para ambientar a gestão estatal da inclusão e da justiça social, intermediada sempre segundo um manancial doutrinário que respeite tais postulados, ou seja, que tome em conta a vontade geral do povo brasileiro.

A República Federativa do Brasil é um Estado Constitucional Democrático de Direito, como expressamente posto já no art. 1º da Constituição Federal.

> O Estado Constitucional Democrático de Direito é um Estado *material* de Direito. Não é apenas um Estado Democrático, mas um Estado Democrático de Direito, em que o poder do Estado democrático está vinculado aos valores e princípios jurídicos expressos na Constituição, ao qual estão submetidos todos: cidadãos, Estado, governo e a própria maioria parlamentar cuja ação é limitada pelos valores constitucionais, especialmente os direitos fundamentais.[334]

E nossa Constituição também prevê, em dispositivo integrante do assim chamado "Estatuto do Contribuinte", que é vedado à União, aos Estados, ao Distrito Federal e aos Municípios utilizar tributo com efeito de confisco (art. 150, inciso IV).

O vocábulo é centralmente vago. Não apenas uma vagueza periférica, ocorrente em menor ou maior extensão com todos vocábulos. A maioria dos termos apresenta um núcleo central de significado unívoco e apenas situações periféricas duvidosas ou controversas.

Então, ao mesmo tempo que a norma constitucional é nitidamente de aplicação imediata, sua central vagueza impede que esta

[334] DIFINI, Luiz Felipe Silveira. Princípio do Estado Constitucional Democrático de Direito. *Revista da Ajuris* nº 95, p. 161-184. Porto Alegre: Ajuris, setembro/2004.

aplicação se faça por subsunção, exigindo trabalho de *concreção* para desvendar seu significado concreto em cada uma das hipóteses em que é chamada como instrumento de *ponderação* a servir como norma de solução de situação de colisão de princípios – *v.g.* entre direito de propriedade e construção de sociedade solidária (CF, art. 3º, I).

Esta concreção, por se tratar de texto constitucional, é tarefa da jurisdição constitucional.

Não pode ser feito por norma constitucional inclusive pelo caráter mutável do detalhamento, ao longo do tempo, face às necessidades e escolhas políticas sobre o papel do Estado. Não pode ser feita pela lei, porque sua previsão constitucional é justamente freio e limite ao legislador ordinário e às maiorias parlamentares.

A solução terá de se dar pela via jurisdicional e, por se tratar de norma constitucional, pelo tribunal constitucionalmente autorizado à sua interpretação e guarda: a Corte Constitucional ou, no Brasil, o Supremo Tribunal Federal. À doutrina cabe a tarefa de fornecer os subsídios teóricos à jurisprudência constitucional para dar a máxima efetividade à norma do art. 150, inciso IV, da Constituição.

O critério utilizado ora será quantitativo, especialmente nos impostos sobre renda e patrimônio, em que parâmetros encontrados no direito comparado (exemplificativamente, a longa série de decisões da Corte Suprema de Justicia de la Nación Argentina) podem mais facilmente identificar um parâmetro quantitativo. Já em outros casos, mais comumente nos impostos sobre o consumo, que normalmente permitem a translação do ônus econômico, o critério será necessariamente qualitativo. Nestes, o critério (qualitativo) será: haverá efeito confiscatório quando a tributação for de tal forma exacerbada, que após a translação total ou parcial do imposto ao consumidor, que não permita restar margem razoável do lucro a permitir o desenvolvimento da atividade econômica lícita.

E, por fim, é correto imaginar que em todos os casos se possa propor critérios qualitativos e quantitativos, mas com carga variável, ora preponderando um (o quantitativo, por exemplo – caso dos impostos sobre o patrimônio e a renda), mas sem excluir a utilização do outro critério (qualitativo), ora se invertendo o peso e predominância das cargas, preponderando então o critério qualitativo, embora também presente (mas em menor peso) o quantitativo, especialmente nos impostos sobre o consumo.

Conclusões

Assim, remanesce a afirmação de que o princípio da dignidade da pessoa humana possui a conotação que se pretende útil a esta proposta. É um princípio fundamental dotado de uma dupla dimensão, defensiva e prestacional, e que se encontra em vias de implementação social, especialmente a partir da função jurisdicional, mas irradiando-se no seio social como vetor fundamental e orientador dos destinos da nação brasileira.

Da mesma forma, a ideia de que o princípio do não confisco tributário possui conteúdo semântico polissêmico, ou seja, vago e impreciso, como um direito fundamental instituído numa República capitalista com forte função social, resta evidenciada. Em função de tal constatação, urge buscar elementos adequados à ideia de sentido teórico e prático para a norma insculpida no art. 150, IV, da Carta Magna, que considere tanto o dever fundamental de pagar tributos, quanto à limitação ao poder de tributar, atendendo, assim, aos interesses de todos os atores sociais, principalmente a partir de uma consolidação normativa tributária indutora da participação no processo de desenvolvimento econômico, social e humano, simbolizado no ideal de inclusão social.

Afirmada tal circunstância, é de se constatar como ilógico que estes objetivos republicanos se operem (quando ao processo de entendimento da norma), tão somente, na função judicante, onde não se instala como um papel precípuo do Poder Judiciário. As relações sociais carecem de controle e solução ampla e participativa.

Assim sendo, a reflexão teórica que considera todos esses fatores como indispensáveis ao exame dos postulados de justiça tributária e social, melhor se forma no ambiente das políticas tributárias. Ocasião em que a prévia densificação da norma do não confisco, visando a sua posterior concretização e concordância prática, parametrizada pela dignidade, em que valoriza um novo critério quali-quantitativo, se afigura como proposta possível e adequada a tais idiossincrasias sociais. E do diálogo aqui intentado se recicla a cientificidade, quiçá levantando dúvidas, questionamentos e novas teorias que implementem o bem-comum, ambição maior da virtude humana.

Num primeiro momento, identificou-se o princípio da dignidade da pessoa humana, apresentando-se suas significações e, principalmente, dimensões, cujo reconhecimento permitiu a adoção das dimensões defensiva e positiva como autênticos elementos jurídicos aplicáveis a todo o contexto constitucional e infraconstitucional pátrio.

Disso, partiu-se para o segundo momento, em que ainda era preciso inserir uma significação sobre o tratamento doutrinário dispensado ao princípio da vedação de tributos com efeito confiscatório. Seguindo-se a mesma linha de raciocínio do primeiro capítulo, igualmente fixou-se sua significação, sua nota de direito fundamental, o predomínio de um critério quantitativo no exame de seu conceito, bem como a incompletude de tal compreensão diante da vagueza e imprecisão do respectivo dispositivo constitucional, momento em que a apresentação de um critério quali-quantitativo, ainda não utilizado, seria admissível no processo de densificação da norma constitucional.

Neste raciocínio, procurou-se definir a escolha pelo processo prévio de densificação da norma constitucional, conforme abalizada doutrina, defendendo-se sua necessidade prévia, anterior ao processo de concretização e concordância prática, porque haveria de ser prejudicial à manutenção da atual hipótese de sua realização, dado o momento em que a doutrina em geral procura insistentemente judicializar a interpretação jurídica, retirando a oportunidade social de sua significação.

Em função deste contumaz afastamento quando da busca de sentido da norma do artigo 150, IV, da Constituição, defendeu-se no terceiro capítulo uma construção que associa posicionamentos teóricos relevantes e de grande significação para a proposta desenvolvimentista. Retirando o exame da questão, da lógica sectária, umbilicalmente ligada aos conceitos (políticos) do Poder Judiciário, para demonstrar que é possível e necessária uma integração sistemática iniciada na parametrização entre aqueles dois princípios, dos quais emergem as conclusões sobre densificação, concretização e concordância prática, mais corretamente ligadas à ideia de implementação de justiça e inclusão social.

Ora, o que se pretende é a demonstração de que o tema da justiça tributária distributiva estruturante a serviço da justiça social, precisa ser discutido no amplo ambiente das políticas públicas de inclusão social, porque assim permite a participação e a confrontação dos interesses de todos os atores sociais envolvidos nas decisões. E, a despeito disto, em seguida submetidos ao império do Direito na dicotômica relação direitos-deveres.

Seria, assim, a inclusão de um modelo mais pluralista e, consequentemente, mais justo. Com início e fim na Constituição, a proposta de união daqueles dois princípios viabiliza a proposta reflexiva democrática e participativa. É, pois, a própria gestão das políticas de inclusão social por parte de seus interessados, o que aproxima o Direito, mais ainda, de um critério de justiça das relações.

Então, o trabalho conduz à possibilidade de se refletir sobre a efetivação do não confisco tributário por intermédio também da dignidade da pessoa humana, traduzindo-se ela num ambiente para a gestão de políticas públicas tributárias de inclusão social. Da mesma forma, conclui ser necessário um embate teórico segundo um modelo de sistema jurídico sistematicamente aberto, unitário e pluralista, que comungue os interesses de todos os atores sociais, outorgando correto sentido à norma constitucional e possibilitando a realização da própria vontade da Constituição. Finalmente, nesta mesma ocasião científica, a dignidade se recicla e evolui, reencontrando constantemente seu aperfeiçoamento.

Referências

ATALIBA, Geraldo. *República e constituição*. 2. ed. Atualizado por Rosala Miranda Folgosi. São Paulo: Malheiros, 2001.

ÁVILA, Humberto. Estatuto do contribuinte: conteúdo e alcance. *Revista da Associação Brasileira de Direito Tributário*, Ano III, nº 9, set/dez, 2000.

AZAMBUJA, Darcy. *Teoria geral do estado*. 26. ed. Rio de Janeiro: Globo.

BALTHAZAR, Ubaldo Cesar. *História do tributo no brasil*. Florianópolis: Fundação Boiteux, 2005.

BAQUERO, Marcello; PRA, Jussara Reis. *A democracia brasileira e a cultura política no Rio Grande do Sul*. Porto Alegre: Editora da UFRGS, 2007.

BARACHO, José Alfredo de Oliveira. Teoria geral dos conceitos legais indeterminados. *Revista do Direito*, nº 9/10 (jan./dez.1998), Santa Cruz do Sul: Editora da UNISC, 1998.

BARROSO, Luís Roberto. Interpretação e aplicação da constituição: fundamentos de uma dogmática constitucional transformadora. 3. ed. São Paulo: Saraiva, 1999.

——; BARCELLOS, Ana Paula de. O começo da história. A nova interpretação constitucional e o papel dos princípios no direito brasileiro. In: BARROSO, Luís Roberto (org.). *A Nova interpretação constitucional: ponderação, direitos fundamentais e relações privadas*. Rio de Janeiro: Renovar, 2006.

BERTI, Flávio de Azambuja. *Impostos, extrafiscalidade e não-confisco*. 2. ed. Curitiba: Juruá Editora, 2006.

BOBBIO, Norberto. *Teoria do ordenamento jurídico*. Tradução de Cláudio de Cicco e Maria Celeste Cordeiro leite dos Santos. Brasília: Editora Universidade de Brasília, 1989.

BONAVIDES, Paulo. Constitucionalismo social e democracia participativa. In: SCHÄFER, Jairo. *Temas polêmicos do constitucionalismo contemporâneo*. Florianópolis: Conceito Editorial, 2007.

——; ANDRADE, Paes de. *História constitucional do brasil*. Rio de Janeiro: Paz e Terra, 1991.

BONETI, Lindomar Wessler. *Políticas públicas por dentro*. Ijuí: Unijuí, 2006.

BRASIL. Constituição (1988). *Constituição da República Federativa do Brasil*. 38. ed. São Paulo: Saraiva, 2008.

——. Supremo Tribunal Federal. Disponível em: <http://www.stf.jus.br>. Acesso em: 01 dez. 2008.

——. Tribunal de Justiça do Rio Grande do Sul. Disponível em: <http://www.tjrs.jus.br>. Acesso em: 01 dez. 2008

BRUERA, Olga Maria. *Análise da linguagem jurídica*. Tradução de Alba Olmi. Buenos Aires: Editorial de Belgrano, 1984.

BULOS, Uadi Lammêgo. *Mutação constitucional*. São Paulo: Saraiva, 1997.

CANOTILHO, José Joaquim Gomes. *Direito constitucional e teoria da constituição*. 4 ed. Coimbra: Almedina, 2000

——. *Direito constitucional*. 6. ed. Coimbra: Livraria Almedina, 1993.

——. *Fundamentos da constituição*. 6. ed. Coimbra: Livraria Almedina, 1993.

CARDOSO, Sérgio. [Apresentação]. In: CARDOSO, Sérgio (org.). *Retorno ao republicanismo*. Belo Horizonte: Editora UFMG, 2004.

CARNELUTTI, Fracesco. *Metodologia do direito*. Tradução de Frederico A. Paschoal. 3. ed. Campinas: Bookseller, 2005.

CARRAZZA, Roque Antonio. *Curso de direito constitucional tributário.* 17. ed. São Paulo: Malheiros, 2002.

CARVALHO, Paulo de Barros. *Direito tributário: fundamentos jurídicos da incidência.* 4. ed. São Paulo: Saraiva, 2006.

CASTILHO, Paulo Cesar Baria de. *Confisco tributário.* São Paulo: Editora Revista dos Tribunais, 2002.

COCURUTTO, Ailton. Os princípios da dignidade da pessoa humana e da inclusão social. São Paulo: Malheiros, 2008.

COELHO, Sacha Calmon Navarro. *Curso de direito tributário brasileiro.* 8. ed. Rio de Janeiro: Forense, 2005.

DIFINI, Luiz Felipe Silveira. *Proibição de tributos com efeito de confisco.* Porto Alegre: Livraria do Advogado, 2007.

——. Princípio do Estado Constitucional Democrático de Direito. *Revista da Ajuris* nº 95, pp. 161-184. Porto Alegre: Ajuris, setembro/2004.

DINIZ, Maria Helena. *Conflito de normas.* São Paulo: Saraiva, 1987.

DWORKIN, Ronald. *Levando os direitos a sério.* Tradução e notas de Nelson Boeira. São Paulo: Martins Fontes, 2002.

——. *O Império do direito.* Tradução de Jefferson Luiz Camargo. São Paulo: Martins Fontes, 1999.

FERNANDES, Florestan. A Constituição inacabada, vias históricas e significado político. São Paulo: Estação Liberdade, 1989.

FERNANDES, Francisco; LUFT, Celso Pedro; GUIMARÃES, F. Marques. *Dicionário brasileiro globo.* 33. ed. São Paulo: Globo, 1993.

FERRAZ JR, Tércio Sampaio. *A ciência do direito.* 2. ed. São Paulo: Atlas, 1980.

FILGUEIRAS JR, Marcus Vinícius. *Conceitos jurídicos indeterminados e discricionariedade administrativa.* Rio de Janeiro: Lumen Juris, 2007.

FREITAS, Daniel Dottes de. A Participação Política no contexto da proibição de retrocesso social. In: GORCZEVSKI, Clóvis (org.). *Direitos Humanos e Participação Política*, vol. II. Porto Alegre: Imprensa Livre, 2011.

FREITAS, Juarez. [Prefácio (1ª edição)]. In: SARLET, Ingo Wolfgang. *A eficácia dos direitos fundamentais.* 9. ed. Porto Alegre: Livraria do Advogado, 2007.

GODOI, Marciano Seabra de. Tributo e solidariedade social. In: *Solidariedade social e tributação.* GRECO, Marco Aurélio; GODOI, Marciano Seabra de. (coords.). São Paulo: Dialética, 2005, p. 141-167.

GRAU, Eros Roberto. *O Direito posto e o direito pressuposto.* São Paulo: Malheiros, 2003.

HÄBERLE, Peter. *Hermenêutica constitucional, a sociedade aberta dos intérpretes da constituição: contribuição para a interpretação pluralista e "procedimental" da constituição.* Tradução de Gilmar Ferreira Mendes. Porto Alegre: Sergio Antônio Fabris, 1997.

——. *Teoria de la constitución como ciencia de la cultura.*Tradução de Emílio Mikunda. Madrid: Editorial Tecnos, 2000.

HESSE, Konrad. *Elementos de direito constitucional da república federal da Alemanha.* Tradução (da 20ª edição alemã) de Luís Afonso Heck. Porto Alegre: Sergio Antonio Fabris, 1998.

INSTITUTO BRASILEIRO DE GEOGRAFIA E ESTATÍSTICA - IBGE. Disponível em: <http://www.ibge.gov.br/home/mapa_site.phd#população>. Acesso em: fev 2009.

JACOBI, Pedro. *Cidade e meio ambiente:* percepções e práticas em São Paulo. São Paulo: Annablume, 2000.

KANT, Immanuel. *Religião nos limites da simples razão.* Lisboa: Edições 70, 1992.

KLIKSBERG, Bernardo. *O desafio da exclusão*: para uma gestão social eficiente. Coordenação de Giselda Barroso G. A. Sauveur. Tradução de Marco Aurélio Nogueira, Alberto Aggio, Equipe RAP. São Paulo: FUNDAP, 1997.

LASSALLE, Ferdinand. *A essência da constituição.* Prefácio de Aurélio Wander Bastos. 2. ed. Rio de Janeiro: Liber Juris, 1988.

LEAL, Mônia Clarissa Hennig. *Jurisdição constitucional aberta*: reflexões sobre a legitimidade e os limites da jurisdição constitucional na ordem democrática. Rio de Janeiro: Lumen Juris, 2007.

LEAL, Rogério G. O controle jurisdicional de políticas públicas no Brasil: possibilidades materiais. In: *Revista de derecho*, v.9, 2006.

——. A Efetivação do direito à saúde por uma jurisdição-serafim: limites e possibilidades. In: REIS, Jorge Renato dos; LEAL, Rogério Gesta (org.) *Direitos sociais & políticas públicas*: desafios contemporâneos, tomo 6. Santa Cruz do Sul: Edunisc, 2006.

——. A teoria do conhecimento em habermas: conceitos aproximativos. *Revista do Direito*, nº 17 (jan./jun.2002), Santa Cruz do Sul: Editora da UNISC, 2002.

——. *Estado, administração pública e sociedade*: novos paradigmas. Porto Alegre: Livraria do Advogado, 2006.

——. *O Estado-juiz na democracia contemporânea, uma perspectiva procedimentalista*. Porto Alegre: Livraria do Advogado, 2007.

——. O fenômeno jurídico: natureza e fundamentos. *Direito em debate*, Universidade de Ijuí, v. 1, n. 1, (out. 1991): Editora UNIJUÍ, 1991.

——. *Perspectivas hermenêuticas dos direitos humanos e fundamentais no Brasil*. Porto Alegre: Livraria do Advogado, 2000.

MACHADO, Hugo de Brito. *Curso de direito tributário*. 20. ed. São Paulo: Malheiros, 2002.

——. *Curso de direito tributário*. 29. ed. São Paulo: Malheiros, 2008.

MARCONI, Marina de Andrade; LAKATOS, Eva Maria. *Fundamentos de metodologia científica*. 6. ed. São Paulo: Editora Atlas S. A., 2007.

MIR, Luís. *Guerra Civil, Estado e trauma*. São Paulo: Geração Editorial, 2004.

MORAES, Alexandre de. *Direito constitucional*. 10. ed. São Paulo: Atlas, 2001.

MÜLLER, Friedrich. *Direito, linguagem violência: elementos de uma teoria constitucional, I*. Tradução de Peter Naumann. Revisão de Paulo Bonavides e Willis Guerra Santiago Filho. Porto Alegre: Sergio Antonio Fabris, 1995.

——. *Métodos de trabalho do direito constitucional*. Tradução de Peter Naumann. São Paulo: Max Limonad, 2000.

NABAIS, José Casalta. *Direito fiscal*. 4. ed. Coimbra: Livraria Almedina, 2006.

——. O dever fundamental de pagar impostos: contributo para a compreensão constitucional do estado fiscal contemporâneo. Coimbra: 2004.

OLIVEIRA JR., José Alcebíades de. Cidadania e novos direitos. In: OLIVEIRA JR., José Alcebíades de (org.). *O novo em direito e política*. Porto Alegre: Livraria do Advogado, 1997.

PAULSEN, Leandro. *Segurança jurídica, certeza do direito e tributação*: A concretização da certeza quanto à instituição de tributos através das garantias da legalidade, da irretroatividade e da anterioridade. Porto Alegre: Livraria do Advogado, 2006.

PERELMAN, Chaïm. *Lógica jurídica, nova retórica*. Tradução de Vergínia K. Pupi. Revisão de Tradução de Maria Ermantina Galvão. Revisão Técnica de Gildo Rios. São Paulo: Martins Fontes, 2004.

PÉREZ LUÑO, Antonio Enrique. *Derechos humanos, estado de derecho y constitución*. 9. ed. Madrid: Editoria Tecnos, 2005.

PONTES DE MIRANDA, Francisco Cavalcanti. *Sistema de ciência positiva do direito*. 2. ed. Rio de Janeiro: Borsoi, 1972.

RODRIGUES, Hugo Thamir. Contribuição para o custeio do serviço de iluminação pública: um estudo acerca de sua natureza jurídica e de sua constitucionalidade. In: REIS, Jorge Renato dos; LEAL, Rogério Gesta. *Direitos sociais & políticas públicas, desafios contemporâneos*, tomo 6. Santa Cruz do Sul. Edunisc, 2006.

——. *Harmonização solidária das políticas tributárias municipais: um princípio constitucional geral, implícito, delimitador das ações tendentes ao cumprimento da função social dos municípios*. 2003. 276 f. Tese (Curso de Pós-Graduação em Direito – Programa de Doutorado) Universidade Federal de Santa Catarina, Florianópolis, 2003.

——. Políticas tributárias de desenvolvimento e de inclusão social: fundamentação e diretrizes, no Brasil, frente ao princípio republicano. In: LEAL, Rogério Gesta. *Direitos sociais & políticas públicas*: desafios contemporâneos, tomo 7. Santa Cruz do Sul: Edunisc, 2007.

——. Retalhos de um sistema: panorama da divisão territorial brasileira. *Revista do direito*, Santa Cruz do Sul, nº 5/6 (jan./dez. 1996): Editora da UNISC, 1996.

——. Políticas tributárias e federalismo: uma leitura possível do caso brasileiro. In: LEAL, Rogério Gesta. *Direitos sociais & políticas públicas*: desafios contemporâneos, tomo 3. Santa Cruz do Sul: Edunisc, 2003.

ROJO, Raúl Enrique. Em defesa de um novo ato de julgar e de fazer respeitar a lei: juízes e promotores face à descentralização. *Revista do Ministério Público do Rio Grande do Sul*. 53. ed. Porto Alegre: AMPRGS, 2004.

SANCHES, J. L. Saldanha; GAMA, João Taborda da. Pressuposto administrativo e pressuposto metodológico do princípio da solidariedade social: a derrogação do sigilo bancário e a cláusula geral anti-abuso. In: *Solidariedade social e tributação*. GRECO, Marco Aurélio; GODOI, Marciano Seabra de. (coords.). São Paulo: Dialética, 2005, p. 89-109.

SANTO AGOSTINHO. *O Livre-arbítrio*.Tradução, organização, introdução e notas de Nair de Assis Oliveira. Revisão de Honório Dalbosco. São Paulo: Paulus, 1995.

SARLET, Ingo Wolfgang. *A eficácia dos direitos fundamentais*. 9. ed. Porto Alegre: Livraria do Advogado, 2007.

——. As dimensões da dignidade da pessoa humana: construindo uma compreensão jurídico-constitucional necessária e possível. In: SARLET, Ingo Wolfgang (org.). *Dimensões da dignidade, ensaios de filosofia do direito e direito constitucional*. Porto Alegre: Livraria do Advogado, 2005.

——. *Dignidade da pessoa humana e direitos fundamentais na constituição federal de 1988*. 6. ed. Porto Alegre: Livraria do Advogado, 2008.

SCHMIDT, João Pedro. Para entender as políticas públicas: aspectos conceituais e metodológicos. In: REIS, Jorge Renato dos; LEAL, Rogério Gesta. *Direitos sociais & políticas públicas, desafios contemporâneos*, tomo 8. Santa Cruz do Sul: Edunisc, 2008.

SCHOUERI, Luís Eduardo. *Normas tributárias indutoras e intervenção econômica*. Rio de Janeiro: Forense, 2005.

SEGADO, Francisco Fernández. Constitución y valores, la dignidad de la persona como valor supremo del ordenamiento jurídico. In: SCHÄFER, Jairo. *Temas polêmicos do constitucionalismo contemporâneo*. Florianópolis: Conceito Editorial, 2007.

SILVA, José Afonso da. *Curso de direito constitucional positivo*. 24. ed. São Paulo: Malheiros, 2005.

SIQUEIRA, Julio Pinheiro Faro Homem de. Os vinte anos da constituição brasileira: da reserva do possível à proibição de retrocesso social. In: *uma homenagem aos 20 anos da constituição brasileira*. ——; TEIXEIRA, Bruno Costa; MIGUEL, Paula Castello (coords.). Florianópolis: Fundação Boiteux, 2008.

STERN, Klaus. *Derecho del estado de la republica federal Alemana*. Madrid: Centro de Estudios Constitucionales, 1987.

TIPKE, Klaus. Sobre a unidade da ordem jurídica tributária. In: SCHOUERI, Luís Eduardo; ZILVETI, Fernando Aurelio (coords.). *Direito tributário: estudos em homenagem a Brandão Machado*. São Paulo: Dialética, 1998.

——; LANG, Joachim. *Direito tributário*. Tradução da 18. ed. alemã de Luiz Dória Furquim. Vol. I. Porto Alegre: Sergio Antônio Fabris Editor, 2008.

TORRES, Ricardo Lobo. Tratado de direito constitucional financeiro e tributário: os direitos humanos e a tributação: imunidades e isonomia. Vol. III. 3. ed. Rio de Janeiro: Renovar, 2005.

VARGAS, Jorge de Oliveira. *Princípio do não-confisco como garantia constitucional da tributação justa*. 1ª ed.(2003). Curitiba: Juruá, 2004.

WOLKMER, Antônio Carlos. *Ideologia, estado e direito*. São Paulo: Revista dos Tribunais, 1989.